全国“八五”普法
普法知识题集系列 6

U1069138

农民

NONGMIN

普法知识题集

PUFA ZHISHI TIJI

中国法制出版社
CHINA LEGAL PUBLISHING HOUSE

图书在版编目（CIP）数据

农民普法知识题集／中国法制出版社编．—北京：中国法制出版社，2021．6
（普法知识题集系列）
ISBN 978－7－5216－1751－1

Ⅰ．①农… Ⅱ．①中… Ⅲ．①法律－中国－习题集
Ⅳ．①D92－44

中国版本图书馆 CIP 数据核字（2021）第 049381 号

策划统筹 胡 斌 唐 鹍
责任编辑 唐 鹍 刘海龙
封面设计 李 宁

农民普法知识题集

NONGMIN PUFA ZHISHI TIJI

编者／中国法制出版社
经销／新华书店
印刷／三河市紫恒印装有限公司
开本／880 毫米×1230 毫米 32 开
印张／6 字数／142 千
版次／2021 年 6 月第 1 版
2021 年 6 月第 1 次印刷

中国法制出版社出版
书号 ISBN 978－7－5216－1751－1
定价：25.00 元

北京西单横二条 2 号
邮政编码 100031
传真：010－66031119
网址：http：//www.zgfzs.com
编辑部电话：010－66066820
市场营销部电话：010－66033393
邮购部电话：010－66033288

（如有印装质量问题，请与本社印务部联系调换。电话：010－66032926）

编辑说明

当前，我国已开启全面建设社会主义现代化国家新征程，进入新发展阶段。通过开展“八五”普法，使公民法治素养和社会治理法治化水平显著提升，形成全社会尊法学法守法用法的良好氛围。多层次多领域依法治理深入推进，全社会办事依法、遇事找法、解决问题用法、化解矛盾靠法的法治环境显著改善。

提升公民法治素养是全民普法的主要目标，也是全面依法治国的迫切要求，要突出重点对象，分层分类指导。实行公民终身法治教育制度，把法治教育纳入干部教育体系、国民教育体系、社会教育体系，不断提升全体公民法治意识和法治素养。坚持学用结合、普治并举。注重在立法、执法、司法和法律服务过程中开展实时普法，把普法深度融入立法、执法、司法和法律服务全过程，把普法融入法治实践、基层治理和日常生活。

为配合“八五”普法工作需要，我们组织编写了“普法知识题集系列丛书”。定位普法，覆盖公民、国家工作人员、领导干部、青少年、企业人员等，题型丰富、解析精准、难度适中，从试题角度为普法工作学习提供检验测试工具。丛书具有以下特点：

一、题型丰富。题型涵盖判断题、单选题、多选题、填空题、简答题，完备系统。

二、解析精准。习题均附有参考答案，解析有法律条文做依据，精准可靠。部分判断题、填空题的解析出于节省篇幅考虑，只列出答案和条文序号。

三、难度适中。习题设置避免难题、偏题、怪题，以突出应知应会和重点条文为出发点设置。

本丛书既适合机关、团体、学校、企业、事业单位等组织相关培训配套使用，也适合有学习需求的广大读者阅读。希望本丛书的出版能够有助于引导广大读者养成自觉守法的意识，形成遇事找法的习惯，培养解决问题靠法的意识和能力。为建设信仰法治、公平正义、保障权利、守法诚信、充满活力、和谐有序的社会主义法治社会贡献一份力量。

由于时间和水平有限，不足之处在所难免，敬请广大读者批评指正。

中国法制出版社

2021年6月

目录

一、民法典

（一）判断题

1. 农村集体经济组织的成员，依法取得农村土地承包经营权，从事家庭承包经营的，为农村承包经营户。（　　）
2. 属于村农民集体所有的，由村集体经济组织或者村民委员会依法代表集体行使所有权。（　　）
3. 分别属于村内 3 个以上农民集体所有的，由村内各该集体经济组织或者村民小组依法代表集体行使所有权。（　　）
4. 属于乡镇农民集体所有的，由乡镇集体经济组织代表集体行使所有权。（　　）
5. 集体所有的财产受法律保护，任何组织或者个人都可以侵占、哄抢、私分、破坏。（　　）
6. 农村集体经济组织、村民委员会或者其负责人作出的决定侵害集体成员合法权益的，受侵害的集体成员可以请求人民政府予以撤销。（　　）
7. 宅基地使用权人依法对集体所有的土地享有占有和使用的权利，无权利用该土地建造住宅及其附属设施。（　　）
8. 宅基地因自然灾害等原因灭失的，宅基地使用权消灭。对失去宅基地的村民，不再重新分配宅基地。（　　）
9. 已经登记的宅基地使用权转让或者消灭的，应当及时办理变更登记或者注销登记。（　　）
10. 宅基地使用权的取得、行使和转让，适用土地管理的法律和国家有关规定。（　　）

（二）单项选择题

1. 农村集体经济组织的成员，依法取得农村土地（　　），从事家庭承包经营的，为农村承包经营户。

A. 承包经营权　　B. 所有权
C. 用益物权　　D. 担保权

2. 集体所有的财产受法律保护，禁止任何(　　)侵占、哄抢、私分、破坏。

A. 组织　　B. 个人
C. 组织或者个人　　D. 单位

3. 饲养的动物造成他人损害的，应当承担侵权责任；但是，(　　)能够证明损害是因被侵权人故意或者重大过失造成的，可以不承担或者减轻责任。

A. 动物饲养人　　B. 动物饲养人或者管理人
C. 管理人　　D. 被侵权人

(三) 多项选择题

1. (　　)或者其负责人作出的决定侵害集体成员合法权益的，受侵害的集体成员可以请求人民法院予以撤销。

A. 农村集体经济组织　　B. 村民委员会
C. 居民委员会　　D. 人民法院

2. 下列选项中正确的是：(　　)

A. 对自然流水的利用，应当在不动产的相邻权利人之间合理分配。对自然流水的排放，应当尊重自然流向。
B. 法律、法规对处理相邻关系有规定的，依照其规定；法律、法规没有规定的，可以按照当地习惯。
C. 不动产权利人应当为相邻权利人用水、排水提供必要的便利。
D. 不动产权利人对相邻权利人因通行等必须利用其土地的，不必提供必要的便利。

3. 下列选项中正确的是：(　　)

A. 不动产权利人挖掘土地、建造建筑物、铺设管线以及安装设备等，可以危及相邻不动产的安全。
B. 不动产权利人因建造、修缮建筑物以及铺设电线、电缆、水管、暖气和燃气管线等必须利用相邻土地、建筑物的，该土地、建筑物的权利人应当提供必要的便利。

C. 建造建筑物，不得违反国家有关工程建设标准，不得妨碍相邻建筑物的通风、采光和日照。

D. 不动产权利人不得违反国家规定弃置固体废物，排放大气污染物、水污染物、土壤污染物、噪声、光辐射、电磁辐射等有害物质。

（四）填空题

1. 农村集体经济组织的成员，依法取得____，从事的____，为农村承包经营户。
2. 个体工商户的债务，个人经营的，以____承担；家庭经营的，以____承担；无法区分的，以____承担。
3. 农村承包经营户的债务，以____承担。
4. 城镇集体所有的不动产和动产，依照法律、行政法规的规定由本集体享有____的权利。
5. 宅基地因____等原因灭失的，宅基地使用权消灭。对失去宅基地的村民，应当依法____宅基地。
6. 已经登记的宅基地使用权转让或者消灭的，应当及时办理____或者____。
7. 饲养动物应当遵守____，尊重____，不得妨碍他人生活。

（五）简答题

1. 简述《民法典》中规定应当依照法定程序经本集体成员决定的事项。
2. 简述集体所有的不动产和动产包括哪些。

参考答案

（一）判断题

1. √，解析：根据《民法典》第55条规定。
2. √，解析：根据《民法典》第262条规定。
3. ×，解析：根据《民法典》第262条规定，分别属于村内两个以上农民集体所有的，由村内各该集体经济组织或者村民小组依法代表集体行使所有权。

4. √，解析：根据《民法典》第 262 条规定。
5. ×，解析：根据《民法典》第 265 条第 1 款规定，集体所有的财产受法律保护，禁止任何组织或者个人侵占、哄抢、私分、破坏。
6. ×，解析：根据《民法典》第 265 条第 2 款规定，农村集体经济组织、村民委员会或者其负责人作出的决定侵害集体成员合法权益的，受侵害的集体成员可以请求人民法院予以撤销。
7. ×，解析：根据《民法典》第 362 条规定，宅基地使用权人依法对集体所有的土地享有占有和使用的权利，有权依法利用该土地建造住宅及其附属设施。
8. ×，解析：根据《民法典》第 364 条规定，宅基地因自然灾害等原因灭失的，宅基地使用权消灭。对失去宅基地的村民，应当依法重新分配宅基地。
9. √，解析：根据《民法典》第 365 条规定。
10. √，解析：根据《民法典》第 363 条规定。

（二）单项选择题

1. A，解析：根据《民法典》第 55 条规定，农村集体经济组织的成员，依法取得农村土地承包经营权，从事家庭承包经营的，为农村承包经营户。
2. C，解析：根据《民法典》第 265 条第 1 款规定，集体所有的财产受法律保护，禁止任何组织或者个人侵占、哄抢、私分、破坏。
3. B，解析：根据《民法典》第 1245 条规定，饲养的动物造成他人损害的，动物饲养人或者管理人应当承担侵权责任；但是，能够证明损害是因被侵权人故意或者重大过失造成的，可以不承担或者减轻责任。

（三）多项选择题

1. AB，解析：根据《民法典》第 265 条第 2 款规定，农村集体经济组织、村民委员会或者其负责人作出的决定侵害集体成员合法权益的，受侵害的集体成员可以请求人民法院予以撤销。
2，ABC，解析：根据《民法典》第 291 条规定，不动产权利人对相邻权利人因通行等必须利用其土地的，应当提供必要的便利。
3. BCD，解析：根据《民法典》第 295 条规定，不动产权利人挖掘土地、建造建筑物、铺设管线以及安装设备等，不得危及相邻不动产的安全。

（四）填空题

1. 农村土地承包经营权；家庭承包经营。（《民法典》第 55 条）
2. 个人财产；家庭财产；家庭财产。（《民法典》第 56 条第 1 款）
3. 从事农村土地承包经营的农户财产。（《民法典》第 56 条第 2 款）

4. 占有、使用、收益和处分。(《民法典》第 263 条)
5. 自然灾害；重新分配。(《民法典》第 364 条)
6. 变更登记；注销登记。(《民法典》第 365 条)
7. 法律法规；社会公德。(《民法典》第 1251 条)

(五) 简答题

1. 答：根据《民法典》第 261 条规定："下列事项应当依照法定程序经本集体成员决定：(一) 土地承包方案以及将土地发包给本集体以外的组织或者个人承包；(二) 个别土地承包经营权人之间承包地的调整；(三) 土地补偿费等费用的使用、分配办法；(四) 集体出资的企业的所有权变动等事项；(五) 法律规定的其他事项。"
2. 答：根据《民法典》第 260 条规定："集体所有的不动产和动产包括：(一) 法律规定属于集体所有的土地和森林、山岭、草原、荒地、滩涂；(二) 集体所有的建筑物、生产设施、农田水利设施；(三) 集体所有的教育、科学、文化、卫生、体育等设施；(四) 集体所有的其他不动产和动产。"

二、农业法

（一）判断题

1. 国家把农业放在发展国民经济的首位。（　　）
2. 国家采取措施，保障农业更好地发挥在提供食物、工业原料和其他农产品，维护和改善生态环境，促进农村经济社会发展等多方面的作用。（　　）
3. 国家实行农村土地承包经营制度，依法保障农村土地承包关系的长期稳定，保护农民对承包土地的所有权。（　　）
4. 国家对发展农业和农村经济有显著成绩的单位和个人，给予奖励。（　　）
5. 国家长期稳定农村以家庭承包经营为基础、统分结合的双层经营体制，发展社会化服务体系，壮大集体经济实力，引导农民走同步富裕的道路。（　　）

（二）单项选择题

1. 国家对农民和农业生产经营组织购买（　　）农业机械给予扶持。

   A. 落后　　B. 高能耗

   C. 先进　　D. 高污染

2. 对于《中华人民共和国农业法》，下列说法错误的是：（　　）

   A. 国家对缺水地区发展节水型农业给予重点扶持。

   B. 各级人民政府应当支持为农业服务的气象事业的发展，提高对气象灾害的监测和预报水平。

   C. 国家支持依法建立健全优质农产品认证和标志制度。

   D. 农业生产资料的生产者、销售者可以生产和销售国家明令淘汰的农药、兽药、饲料添加剂、农业机械等农业生产资料。

3. 在不与我国缔结或加入的有关国际条约相抵触的情况下，国家对农民实施收入支持政策，具体办法由(　　)制定。

A. 民政部　　B. 全国人民代表大会

C. 农业农村部　　D. 国务院

4. 国家鼓励和扶持(　　)投入资金支持贫困地区开发建设。

A. 金融机构、其他企业事业单位和个人

B. 其他企业事业单位

C. 个人

D. 金融机构

(三) 多项选择题

1. 农村土地承包经营的方式、期限、发包方和承包方的权利义务、土地承包经营权的保护和流转等，适用（　　）。

A.《中华人民共和国土地管理法》

B.《中华人民共和国刑事诉讼法》

C.《中华人民共和国农村土地承包法》

D.《中华人民共和国民事诉讼法》

2. 农民专业合作经济组织应当坚持为成员服务的宗旨，按照(　　)的原则，依法在其章程规定的范围内开展农业生产经营和服务活动。

A. 加入自愿　　B. 退出自由

C. 民主管理　　D. 盈余返还

3. 关于粮食安全，下列说法中正确的有：(　　)

A. 农民按保护价制度出售粮食，国家委托的收购单位不得拒收。

B. 在粮食的市场价格过低时，国务院可以决定对部分粮食品种实行保护价制度。保护价应当根据有利于保护农民利益、稳定粮食生产的原则确定。

C. 县级以上人民政府应当组织财政、金融等部门以及国家委托的收购单位及时筹足粮食收购资金，任何部门、单位或者个人不得截留或者挪用。

D. 国家建立粮食安全预警制度，采取措施保障粮食供给。国务院应当制定粮食安全保障目标与粮食储备数量指标，并根据需要组织有关主管部门进行耕地、粮食库存情况的核查。

4. 关于农民权益保护，下列说法中正确的有：（　　）

A. 任何机关或者单位向农民或者农业生产经营组织收取行政、事业性费用必须依据法律、法规的规定。收费的项目、范围和标准应当公布。

B. 没有法律、法规依据的收费，农民和农业生产经营组织有权拒绝。

C. 任何机关或者单位对农民或者农业生产经营组织进行罚款处罚必须依据法律、法规、规章的规定。

D. 没有法律、法规、规章依据的罚款，农民和农业生产经营组织也无权拒绝。

（四）填空题

1. 农民和农业生产经营组织可以自愿按照____、____和____相结合的原则，以资金、技术、实物等入股，依法兴办各类企业。
2. 农民和农业生产经营组织可以按照法律、行政法规成立各种____，为成员提供生产、营销、信息、技术、培训等服务，发挥协调和自律作用，提出____的申请，维护成员和行业的利益。
3. 种植业以____、____、____为中心，调整作物结构、品种结构和品质结构。
4. 渔业生产应当____渔业资源，调整____，积极发展水产养殖业、远洋渔业和水产品加工业。
5. 农药、兽药、饲料和饲料添加剂、肥料、种子、农业机械等可能危害人畜安全的农业生产资料的____，依照相关法律、行政法规的规定实行____。
6. 国家提倡____，并采取措施改善人民的____。
7. 国家逐步完善____，保障农村五保户、贫困残疾农民、贫困老年农民和其他丧失劳动能力的农民的基本生活。
8. 国家鼓励、支持农民巩固和发展____和其他医疗保障形式，提高____。
9. 违反《中华人民共和国农业法》规定，侵害农民和农业生产经营组织的土地承包经营权等财产权或者其他合法权益的，应当____，____；造成损失、损害的，依法承担____。

10. 国家鼓励和支持农民和农业生产经营组织使用先进、适用的____，加强农业机械安全管理，提高____。

（五）简答题

1. 简述各级人民政府在财政预算内安排的各项用于农业的资金应当主要用于的地方。
2. 有何种行为之一的，由上级主管机关责令停止违法行为，并给予直接负责的主管人员和其他直接责任人员行政处分，责令退还违法收取的集资款、税款或者费用。

参考答案

（一）判断题

1. √，解析：根据《农业法》第3条第1款规定。
2. √，解析：根据《农业法》第4条规定。
3. ×，解析：根据《农业法》第10条第1款规定："国家实行农村土地承包经营制度，依法保障农村土地承包关系的长期稳定，保护农民对承包土地的使用权。"
4. √，解析：根据《农业法》第8条第2款规定。
5. ×，解析：根据《农业法》第5条第2款规定："国家长期稳定农村以家庭承包经营为基础、统分结合的双层经营体制，发展社会化服务体系，壮大集体经济实力，引导农民走共同富裕的道路"。

（二）单项选择题

1. C，解析：根据《农业法》第20条第2款规定："国家对农民和农业生产经营组织购买先进农业机械给予扶持。"
2. D，解析：根据《农业法》第25条第3条规定："农业生产资料的生产者、销售者应当对其生产、销售的产品的质量负责，禁止以次充好、以假充真、以不合格的产品冒充合格的产品；禁止生产和销售国家明令淘汰的农药、兽药、饲料添加剂、农业机械等农业生产资料。"
3. D，解析：根据《农业法》第37条第2条规定："在不与我国缔结或加入的有关国际条约相抵触的情况下，国家对农民实施收入支持政策，具体办法由国务院制定。”

4. A，解析：根据《农业法》第 86 条第 2 款规定：“国家鼓励和扶持金融机构、其他企业事业单位和个人投入资金支持贫困地区开发建设。”

（三）多项选择题

1. AC，解析：根据《农业法》第 10 条第 2 款规定：“农村土地承包经营的方式、期限、发包方和承包方的权利义务、土地承包经营权的保护和流转等，适用《土地管理法》和《农村土地承包法》。”
2. ABCD，解析：根据《农业法》第 11 条第 2 款规定：“农民专业合作经济组织应当坚持为成员服务的宗旨，按照加入自愿、退出自由、民主管理、盈余返还的原则，依法在其章程规定的范围内开展农业生产经营和服务活动。”
3. ABCD，解析：ABC《农业法》第 33 条，D《农业法》第 34 条。
4. ABC，解析：根据《农业法》第 67 条第 2 款规定：“没有法律、法规、规章依据的罚款，农民和农业生产经营组织有权拒绝。”

（四）填空题

1. 民主管理；按劳分配；按股分红。（《农业法》第 12 条）
2. 农产品行业协会；农产品贸易救济措施。（《农业法》第 14 条）
3. 优化品种；提高质量；增加效益。（《农业法》第 16 条第 2 款）
4. 保护和合理利用；捕捞结构。（《农业法》第 16 条第 5 款）
5. 生产经营；登记或者许可制度。（《农业法》第 25 条第 1 款）
6. 珍惜和节约粮食；食物营养结构。（《农业法》第 36 条）
7. 农村社会救济制度。（《农业法》第 83 条）
8. 农村合作医疗；农民健康水平。（《农业法》第 84 条）
9. 停止侵害；恢复原状；赔偿责任。（《农业法》第 90 条第 1 款）
10. 农业机械；农业机械化水平。（《农业法》第 20 条第 1 款）

（五）简答题

1. 答：根据《农业法》第 38 条第 2 款规定：“各级人民政府在财政预算内安排的各项用于农业的资金应当主要用于：加强农业基础设施建设；支持农业结构调整，促进农业产业化经营；保护粮食综合生产能力，保障国家粮食安全；健全动植物检疫、防疫体系，加强动物疫病和植物病、虫、杂草、鼠害防治；建立健全农产品质量标准和检验检测监督体系、农产品市场及信息服务体系；支持农业科研教育、农业技术推广和农民培训；加强农业生态环境保护建设；

扶持贫困地区发展；保障农民收入水平等。”

2. 答：根据《农业法》第 94 条规定：“有下列行为之一的，由上级主管机关责令停止违法行为，并给予直接负责的主管人员和其他直接责任人员行政处分，责令退还违法收取的集资款、税款或者费用：（一）违反本法第六十八条规定，非法在农村进行集资、达标、升级、验收活动的；（二）违反本法第六十九条规定，以违法方法向农民征税的；（三）违反本法第七十条规定，通过农村中小学校向农民超额、超项目收费的。”

三、畜牧法

（一）判断题

1. 国家支持畜牧业发展，发挥畜牧业在发展农业、农村经济和增加农民收入中的作用。（　　）
2. 畜禽遗传资源保护以集体为主，鼓励和支持有关单位、个人依法发展畜禽遗传资源保护事业。（　　）
3. 从境外引进畜禽遗传资源的，应当向省级人民政府畜牧兽医行政主管部门提出申请。（　　）
4. 农户饲养的种畜禽用于自繁自养和有少量剩余仔畜、雏禽出售的，农户饲养种公畜进行互助配种的，仍然要办理种畜禽生产经营许可证。（　　）
5. 畜禽标识可以重复使用。（　　）

（二）单项选择题

1. 专门从事家畜人工授精、胚胎移植等繁殖工作的人员，应当取得相应的（　　）。

   A. 行政许可　　B. 行政确认
   C. 行政奖励　　D. 国家职业资格证书

2. 生产家畜卵子、冷冻精液、胚胎等遗传材料，应当有完整的采集、销售、移植等记录，记录应当保存（　　）。

   A. 1 年　　B. 2 年
   C. 3 年　　D. 4 年

3. 下列说法哪一选项是正确的？（　　）

   A. 县级以上人民政府畜牧兽医行政主管部门负责种畜禽质量安全的监督管理工作
   B. 申请进口种畜禽的，应当持有种畜禽生产经营许可证。进口种畜禽的

批准文件有效期为 5 个月

C. 国务院和省级人民政府应当在其财政预算内安排支持畜牧业发展的良种补贴、贴息补助等资金，并鼓励有关金融机构通过提供贷款、保险服务等形式，支持畜禽养殖者购买优良畜禽、繁育良种、改善生产设施、扩大养殖规模，提高养殖效益

D. 省级以上人民政府应当保障国家设立的畜牧兽医技术推广机构从事公益性技术服务的工作经费

4. 养蜂生产者在生产过程中，不得使用危害蜂产品质量安全的药品和容器，确保蜂产品质量。养蜂器具应当符合国家技术规范的(　　)要求。

A. 可行性　　B. 安全性

C. 特殊性　　D. 强制性

（三）多项选择题

1. 畜牧业生产经营者应当依法履行（　　）义务，接受有关主管部门依法实施的监督检查。

A. 动物防疫　　B. 提高产量

C. 环境保护　　D. 创新技术

2. 种畜禽生产经营许可证应当注明(　　)。

A. 生产经营者名称　　B. 场（厂）址

C. 生产经营范围　　D. 许可证有效期

3. 种畜禽场和孵化场（厂）销售商品代仔畜、雏禽的，应当向购买者提供其销售的商品代仔畜、雏禽的(　　)，并附具动物防疫监督机构出具的检疫合格证明。

A. 主要生产性能指标　　B. 免疫情况

C. 饲养技术要求　　D. 有关咨询服务

4.《畜牧法》禁止在哪些区域内建设畜禽养殖场、养殖小区？(　　)

A. 生活饮用水的水源保护区

B. 自然保护区的核心区和缓冲区

C. 城镇居民区、文化教育科学研究区等人口集中区域

D. 风景名胜区

5. 养蜂生产者在转地放蜂时，当地(　　)等有关部门应当为其提供必要的便利。

A. 卫生　　B. 公安

C. 畜牧兽医　　D. 交通运输

（四）填空题

1. 畜牧业生产经营者可以依法自愿成立____，为成员提供信息、技术、营销、培训等服务，加强行业自律，维护成员和行业利益。
2. 销售种畜禽和商品代仔畜、雏禽，因质量问题给畜禽养殖者造成损失的，应当____。
3. 畜禽养殖场应当为其饲养的畜禽提供适当的____和____。
4. 畜禽养殖场、养殖小区应当保证畜禽粪便、废水及其他固体废弃物综合利用或者无害化处理设施的正常运转，保证污染物____，防止____。
5. 畜禽养殖场、养殖小区违法排放畜禽粪便、废水及其他固体废弃物，造成____的，应当____，依法____。

（五）简答题

1. 简述申请取得种畜禽生产经营许可证应当具备的条件。
2. 简述销售种畜禽的禁止行为。

参考答案

（一）判断题

1. √，解析：根据《畜牧法》第3条规定。
2. ×，解析：根据《畜牧法》第9条规定：“畜禽遗传资源保护以国家为主，鼓励和支持有关单位、个人依法发展畜禽遗传资源保护事业。”
3. √，解析：根据《畜牧法》第15条规定。
4. ×，解析：根据《畜牧法》第26条规定：“农户饲养的种畜禽用于自繁自养和有少量剩余仔畜、雏禽出售的，农户饲养种公畜进行互助配种的，不需要办理种畜禽生产经营许可证。”

5. ×，解析：根据《畜牧法》第 45 条第 2 款规定：“畜禽标识不得重复使用。”

（二）单项选择题

1. D，解析：根据《畜牧法》第 27 条规定：“专门从事家畜人工授精、胚胎移植等繁殖工作的人员，应当取得相应的国家职业资格证书。”
2. B，解析：根据《畜牧法》第 29 条第 2 款规定：“生产家畜卵子、冷冻精液、胚胎等遗传材料，应当有完整的采集、销售、移植等记录，记录应当保存二年。”
3. C，解析：根据《畜牧法》第 33 条规定：“县级以上人民政府畜牧兽医行政主管部门负责种畜禽质量安全的监督管理工作。种畜禽质量安全的监督检验应当委托具有法定资质的种畜禽质量检验机构进行；所需检验费用按照国务院规定列支，不得向被检验人收取。”故 A 项错误。第 31 条规定：“申请进口种畜禽的，应当持有种畜禽生产经营许可证。进口种畜禽的批准文件有效期为六个月。”故 B 项错误。第 36 条规定：“国务院和省级人民政府应当在其财政预算内安排支持畜牧业发展的良种补贴、贴息补助等资金，并鼓励有关金融机构通过提供贷款、保险服务等形式，支持畜禽养殖者购买优良畜禽、繁育良种、改善生产设施、扩大养殖规模，提高养殖效益。”故 C 项正确。第 38 条规定：“县级以上人民政府应当保障国家设立的畜牧兽医技术推广机构从事公益性技术服务的工作经费。”故 D 项错误。
4. D，解析：根据《畜牧法》第 48 条规定：“养蜂生产者在生产过程中，不得使用危害蜂产品质量安全的药品和容器，确保蜂产品质量。养蜂器具应当符合国家技术规范的强制性要求。”

（三）多项选择题

1. AC，解析：根据《畜牧法》第 6 条规定：“畜牧业生产经营者应当依法履行动物防疫和环境保护义务，接受有关主管部门依法实施的监督检查。”
2. ABCD，解析：根据《畜牧法》第 25 条规定：“种畜禽生产经营许可证应当注明生产经营者名称、场（厂）址、生产经营范围及许可证有效期的起止日期等。”
3. ABCD，解析：根据《畜牧法》第 32 条规定：“种畜禽场和孵化场（厂）销售商品代仔畜、雏禽的，应当向购买者提供其销售的商品代仔畜、雏禽的主要生产性能指标、免疫情况、饲养技术要求和有关咨询服务，并附具动物防疫监督机构出具的检疫合格证明。”
4. ABCD，解析：根据《畜牧法》第 40 条规定：“禁止在下列区域内建设畜禽养殖场、养殖小区：（一）生活饮用水的水源保护区，风景名胜区，以及自然保护区的核心区和缓冲区；（二）城镇居民区、文化教育科学研究区等人口集中区域；（三）法律、法规规定的其他禁养区域。”

5. BCD，解析：根据《畜牧法》第49条第1款规定：“养蜂生产者在转地放蜂时，当地公安、交通运输、畜牧兽医等有关部门应当为其提供必要的便利。”

（四）填空题

1. 行业协会。（《畜牧法》第5条）
2. 依法赔偿损失。（《畜牧法》第32条第2款）
3. 繁殖条件；生存、生长环境。（《畜牧法》第42条）
4. 达标排放；污染环境。（《畜牧法》第46条第1款）
5. 环境污染危害；排除危害；赔偿损失。（《畜牧法》第46条第2款）

（五）简答题

1. 答：根据《畜牧法》第22条规定：“从事种畜禽生产经营或者生产商品代仔畜、雏禽的单位、个人，应当取得种畜禽生产经营许可证。申请取得种畜禽生产经营许可证，应当具备下列条件：（一）生产经营的种畜禽必须是通过国家畜禽遗传资源委员会审定或者鉴定的品种、配套系，或者是经批准引进的境外品种、配套系；（二）有与生产经营规模相适应的畜牧兽医技术人员；（三）有与生产经营规模相适应的繁育设施设备；（四）具备法律、行政法规和国务院畜牧兽医行政主管部门规定的种畜禽防疫条件；（五）有完善的质量管理和育种记录制度；（六）具备法律、行政法规规定的其他条件。”
2. 答：根据《畜牧法》第30条规定：“销售种畜禽，不得有下列行为：（一）以其他畜禽品种、配套系冒充所销售的种畜禽品种、配套系；（二）以低代别种畜禽冒充高代别种畜禽；（三）以不符合种用标准的畜禽冒充种畜禽；（四）销售未经批准进口的种畜禽；（五）销售未附具本法第二十九条规定的种畜禽合格证明、检疫合格证明的种畜禽或者未附具家畜系谱的种畜；（六）销售未经审定或者鉴定的种畜禽品种、配套系。”

四、森林法

（一）判断题

1. 乡镇人民政府可以确定相关机构或者设置专职、兼职人员承担林业相关工作。（　　）
2. 教育行政部门、学校应当对学生进行森林资源保护教育。（　　）
3. 森林资源属于国家所有，由法律规定属于集体所有的除外。（　　）
4. 未实行承包经营的集体林地以及林地上的林木，由农村集体经济组织统一经营。经本集体经济组织成员的村民会议 2/3 以上成员或者 2/3 以上村民代表同意并公示，可以通过招标、拍卖、公开协商等方式依法流转林地经营权、林木所有权和使用权。（　　）
5. 单位之间发生的林木、林地所有权和使用权争议，由县级以上人民政府依法处理。（　　）
6. 中央和地方财政分别安排资金，用于公益林的营造、抚育、保护、管理和非国有公益林权利人的经济补偿等，实行专款专用。具体办法由国务院财政部门会同林业主管部门制定。（　　）
7. 采伐林地上的林木应当申请采伐许可证，并按照采伐许可证的规定进行采伐；采伐自然保护区以外的竹林，不仅需要申请采伐许可证，而且应当符合林木采伐技术规程。（　　）
8. 滥伐林木的，由县级以上人民政府林业主管部门责令限期在原地或者异地补种滥伐株数 1 倍以上 3 倍以下的树木，可以处滥伐林木价值 3 倍以上 5 倍以下的罚款。（　　）
9. 违反本法规定，未完成更新造林任务的，由县级以上人民政府林业主管部门责令限期完成；逾期未完成的，可以处未完成造林任务所需费用 2 倍以下的罚款；对直接负责的主管人员和其他直接责任人员，依法给予处分。（　　）

10. 符合林木采伐技术规程的，审核发放采伐许可证的部门应当及时核发采伐许可证。但是，审核发放采伐许可证的部门不得超过年采伐限额发放采伐许可证。(　　)

(二) 单项选择题

1. 集体或者个人承包国家所有和集体所有的宜林荒山荒地荒滩营造的林木，归承包的(　　)所有；合同另有约定的从其约定。

   A. 集体　　B. 个人

   C. 集体或者个人　　D. 单位

2. 公益林划定涉及非国有林地的，应当与权利人签订书面协议，并给予合理(　　)。

   A. 赔偿　　B. 补偿

   C. 奖金　　D. 罚金

3. 采伐许可证由(　　)以上人民政府林业主管部门核发。

   A. 市级　　B. 县级

   C. 省级　　D. 乡级

4. 采伐林木的组织和个人应当按照有关规定完成更新造林。更新造林的面积不得(　　)采伐的面积，更新造林应当达到相关技术规程规定的标准。

   A. 大于　　B. 等于

   C. 超过　　D. 少于

5. 依照本法规定应当作出行政处罚决定而未作出的，上级主管部门有权责令下级主管部门作出行政处罚决定或者直接给予(　　)。

   A. 行政处罚　　B. 刑事处罚

   C. 民事处罚　　D. 罚金处罚

6. 违反《森林法》规定，未经县级以上人民政府林业主管部门审核同意，擅自改变林地用途的，由县级以上人民政府林业主管部门责令限期恢复植被和林业生产条件，可以处恢复植被和林业生产条件所需费用(　　)以下的罚款。

   A. 1 倍　　B. 5 倍

   C. 7 倍　　D. 3 倍

7. 向林地排放重金属或者其他有毒有害物质含量超标的污水、污泥，以及可能造成林地污染的清淤底泥、尾矿、矿渣等的，依照(　　)的有关规定处罚。

   A.《民法典》　　B.《国家安全法》

   C.《土壤污染防治法》　　D.《种子法》

（三）多项选择题

1. 农村居民在(　　)种植的林木，归个人所有。

   A. 房前屋后　　B. 自留地

   C. 自留山　　D. 他人屋后

2. 国家鼓励公民通过(　　)等方式参与造林绿化。

   A. 植树造林　　B. 保护环境

   C. 抚育管护　　D. 认建认养

3. 木材经营加工企业应当建立原料和产品出入库台账。任何单位和个人不得(　　)明知是盗伐、滥伐等非法来源的林木。

   A. 收购　　B. 加工

   C. 购买　　D. 运输

4. 省级以上人民政府林业主管部门对（　　）的地区，可以约谈所在地区县级以上地方人民政府及其有关部门主要负责人，要求其采取措施及时整改。约谈整改情况应当向社会公开。

   A. 森林覆盖率低　　B. 森林资源保护发展工作不力

   C. 问题突出　　D. 群众反映强烈

（四）填空题

1. 林地和林地上的森林、林木的所有权、使用权，由____统一登记造册，核发证书。

2. 国家所有的林地和林地上的森林、林木可以依法确定给____使用。林业经营者依法取得的国有林地和林地上的森林、林木的____，经批准可以转让、出租、作价出资等。具体办法由国务院制定。

3. 林业经营者应当履行____的义务，保证国有森林资源稳定增长，提高森林生态功能。

4. 集体所有和国家所有依法由农民集体使用的林地实行承包经营的，承包方享有林地____和承包林地上的____，合同另有约定的从其约定。承包方可以依法采取____等方式流转林地经营权、林木所有权和使用权。
5. 个人之间、个人与单位之间发生的____和____争议，由乡镇人民政府或者县级以上人民政府依法处理。
6. 在林木、林地权属争议解决前，除因森林防火、林业有害生物防治、国家重大基础设施建设等需要外，当事人任何一方不得____或者____。
7. 在符合公益林生态区位保护要求和不影响公益林生态功能的前提下，经科学论证，可以合理利用公益林林地资源和森林景观资源，适度开展____、森林旅游等。
8. 农村居民采伐自留地和房前屋后个人所有的零星林木，不需要申请____。
9. 林业经营者可以自愿申请____，促进森林经营水平提高和可持续经营。

（五）简答题

1. 哪些区域的林地和林地上的森林，应当划定为公益林？
2. 国家鼓励发展哪些商品林？

参考答案

（一）判断题

1. √，解析：根据《森林法》第 9 条规定。
2. √，解析：根据《森林法》第 12 条规定。
3. √，解析：根据《森林法》第 14 条规定。
4. √，解析：根据《森林法》第 18 条规定。
5. √，解析：根据《森林法》第 22 条规定。
6. √，解析：根据《森林法》第 29 条规定。
7. ×，解析：根据《森林法》第 56 条第 1 款规定："采伐林地上的林木应当申请采伐许可证，并按照采伐许可证的规定进行采伐；采伐自然保护区以外的竹林，不需要申请采伐许可证，但应当符合林木采伐技术规程。"
8. √，解析：根据《森林法》第 76 条规定。

9. √，解析：根据《森林法》第79条规定。
10. √，解析：根据《森林法》第59条规定。

（二）单项选择题

1. C，解析：根据《森林法》第20条第3款规定："集体或者个人承包国家所有和集体所有的宜林荒山荒地荒滩营造的林木，归承包的集体或者个人所有；合同另有约定的从其约定。"
2. B，解析：根据《森林法》第48条第3款规定："公益林划定涉及非国有林地的，应当与权利人签订书面协议，并给予合理补偿。"
3. B，解析：根据《森林法》第57条第1款规定："采伐许可证由县级以上人民政府林业主管部门核发。"
4. D，解析：根据《森林法》第61条规定："采伐林木的组织和个人应当按照有关规定完成更新造林。更新造林的面积不得少于采伐的面积，更新造林应当达到相关技术规程规定的标准。"
5. A，解析：根据《森林法》第70条第2款规定："依照本法规定应当作出行政处罚决定而未作出的，上级主管部门有权责令下级主管部门作出行政处罚决定或者直接给予行政处罚。"
6. D，解析：根据《森林法》第73条第1款规定："违反本法规定，未经县级以上人民政府林业主管部门审核同意，擅自改变林地用途的，由县级以上人民政府林业主管部门责令限期恢复植被和林业生产条件，可以处恢复植被和林业生产条件所需费用三倍以下的罚款。"
7. C，解析：根据《森林法》第74条第3款规定，向林地排放重金属或者其他有毒有害物质含量超标的污水、污泥，以及可能造成林地污染的清淤底泥、尾矿、矿渣等的，依照《土壤污染防治法》的有关规定处罚。

（三）多项选择题

1. ABC，解析：根据《森林法》第20条第2款规定："农村居民在房前屋后、自留地、自留山种植的林木，归个人所有。城镇居民在自有房屋的庭院内种植的林木，归个人所有。"
2. ACD，解析：根据《森林法》第44条规定："国家鼓励公民通过植树造林、抚育管护、认建认养等方式参与造林绿化。"
3. ABD，解析：根据《森林法》第65条规定："木材经营加工企业应当建立原料和产品出入库台账。任何单位和个人不得收购、加工、运输明知是盗伐、滥伐等非法来源的林木。"

4. BCD，解析：根据《森林法》第 67 条规定："省级以上人民政府林业主管部门对森林资源保护发展工作不力、问题突出、群众反映强烈的地区，可以约谈所在地区县级以上地方人民政府及其有关部门主要负责人，要求其采取措施及时整改。约谈整改情况应当向社会公开。"

（四）填空题

1. 不动产登记机构。（《森林法》第 15 条第 1 款）
2. 林业经营者；使用权。（《森林法》第 16 条第 1 款）
3. 保护、培育森林资源。（《森林法》第 16 条第 2 款）
4. 承包经营权；林木所有权；出租（转包）、入股、转让。（《森林法》第 17 条）
5. 林木所有权；林地使用权。（《森林法》第 22 条第 2 款）
6. 砍伐有争议的林木；改变林地现状。（《森林法》第 22 条第 4 款）
7. 林下经济。（《森林法》第 49 条第 3 款）
8. 采伐许可证。（《森林法》第 56 条第 2 款）
9. 森林认证。（《森林法》第 64 条）

（五）简答题

1. 答：根据《森林法》第 48 条第 2 款规定："下列区域的林地和林地上的森林，应当划定为公益林：（一）重要江河源头汇水区域；（二）重要江河干流及支流两岸、饮用水水源地保护区；（三）重要湿地和重要水库周围；（四）森林和陆生野生动物类型的自然保护区；（五）荒漠化和水土流失严重地区的防风固沙林基干林带；（六）沿海防护林基干林带；（七）未开发利用的原始林地区；（八）需要划定的其他区域。"
2. 答：根据《森林法》第 50 条规定："国家鼓励发展下列商品林：（一）以生产木材为主要目的的森林；（二）以生产果品、油料、饮料、调料、工业原料和药材等林产品为主要目的的森林；（三）以生产燃料和其他生物质能源为主要目的的森林；（四）其他以发挥经济效益为主要目的的森林。在保障生态安全的前提下，国家鼓励建设速生丰产、珍贵树种和大径级用材林，增加林木储备，保障木材供给安全。"

五、草原法

（一）判断题

1. 任何单位和个人都有遵守草原法律法规、保护草原的义务，同时享有对违反草原法律法规、破坏草原的行为进行监督、检举和控告的权利。（　　）
2. 草原属于集体所有。（　　）
3. 集体所有的草原或者依法确定给集体经济组织使用的国家所有的草原，可以由本集体经济组织内的家庭或者联户承包经营。（　　）
4. 承包经营草原的单位和个人，应当履行保护、建设和按照承包合同约定的用途合理利用草原的义务。（　　）
5. 草原承包经营权转让可以不经发包方同意。（　　）

（二）单项选择题

1. 任何（　　）不得侵占、买卖或者以其他形式非法转让草原。

   A. 单位　　B. 个人

   C. 单位或者个人　　D. 组织

2. 县级以上人民政府应当根据草原保护、建设、利用规划，在本级国民经济和社会发展计划中安排资金用于草原改良、人工种草和草种生产，任何单位或者个人不得（　　）；县级以上人民政府财政部门和审计部门应当加强监督管理。

   A. 破坏　　B. 污染

   C. 挪用　　D. 截留、挪用

3. 牧区的草原承包经营者应当实行（　　），合理配置畜群，均衡利用草原。

   A. 休牧　　B. 划区轮牧

   C. 划区轮作　　D. 连续放牧

4. 临时占用草原的期限不得超过(　　)，并不得在临时占用的草原上修建永久性建筑物、构筑物；占用期满，用地单位必须恢复草原植被并及时退还。

A. 1 年　　B. 2 年

C. 3 年　　D. 4 年

(三) 多选题

1. 草原承包经营者应当采取种植和储备饲草饲料(　　)等措施，保持草畜平衡。

A. 调剂处理牲畜　　B. 优化畜群结构

C. 增加饲草饲料供应量　　D. 提高出栏率

2. 承包经营草原，发包方和承包方应当签订书面合同。草原承包合同的内容应当包括(　　)承包草原用途和违约责任等。承包期届满，原承包经营者在同等条件下享有优先承包权。

A. 双方的权利和义务　　B. 承包草原四至界限

C. 面积和等级　　D. 承包期和起止日期

3. 关于《中华人民共和国草原法》下列说法正确的是：(　　)

A. 进行矿藏开采和工程建设，可以多占草原

B. 国家提倡在农区、半农半牧区和有条件的牧区实行牲畜圈养。草原承包经营者应当按照饲养牲畜的种类和数量，调剂、储备饲草饲料，采用青贮和饲草饲料加工等新技术，逐步改变依赖天然草地放牧的生产方式。

C. 草原承包经营者应当合理利用草原，不得超过草原行政主管部门核定的载畜量；

D. 国家鼓励单位和个人投资建设草原，按照谁投资、谁受益的原则保护草原投资建设者的合法权益。

(四) 填空题

1. 依法登记的草原所有权和使用权受法律保护，任何____不得侵犯。

2. 遇到自然灾害等特殊情况，需要临时调剂使用草原的，按照____的原则，

由双方____解决；需要跨县临时调剂使用草原的，由有关县级人民政府或者共同的上级人民政府组织协商解决。

3. 需要____草原的，应当经县级以上地方人民政府草原行政主管部门审核同意。

4. 对在国务院批准规划范围内实施退耕还草的农牧民，按照国家规定给予____。退耕还草完成后，由县级以上人民政府草原行政主管部门核实登记，依法履行土地用途变更手续，发放____。

（五）简答题

对于草原所有权、使用权的争议如何处理？

参考答案

（一）判断题

1. √，解析：根据《草原法》第 5 条规定。
2. ×，解析：根据《草原法》第 9 条规定："草原属于国家所有，由法律规定属于集体所有的除外。国家所有的草原，由国务院代表国家行使所有权。"
3. √，解析：根据《草原法》第 13 条规定。
4. √，解析：根据《草原法》第 14 条规定。
5. ×，解析：根据《草原法》第 15 条规定："草原承包经营权转让应当经发包方同意。承包方与受让方在转让合同中约定的转让期限，不得超过原承包合同剩余的期限。"

（二）单项选择题

1. C，解析：根据《草原法》第 9 条规定："任何单位或者个人不得侵占、买卖或者以其他形式非法转让草原。"
2. D，解析：根据《草原法》第 32 条规定："县级以上人民政府应当根据草原保护、建设、利用规划，在本级国民经济和社会发展计划中安排资金用于草原改良、人工种草和草种生产，任何单位或者个人不得截留、挪用；县级以上人民政府财政部门和审计部门应当加强监督管理。"
3. B，解析：根据《草原法》第 34 条规定："牧区的草原承包经营者应当实行划区轮牧，合理配置畜群，均衡利用草原。"

4. B，解析：根据《草原法》第 40 条规定："临时占用草原的期限不得超过二年，并不得在临时占用的草原上修建永久性建筑物、构筑物；占用期满，用地单位必须恢复草原植被并及时退还。"

（三）多项选择题

1. ABCD，解析：根据《草原法》第 33 条规定："草原承包经营者应当采取种植和储备饲草饲料、增加饲草饲料供应量、调剂处理牲畜、优化畜群结构、提高出栏率等措施，保持草畜平衡。"
2. ABCD，解析：根据《草原法》第 14 条规定："承包经营草原，发包方和承包方应当签订书面合同。草原承包合同的内容应当包括双方的权利和义务、承包草原四至界限、面积和等级、承包期和起止日期、承包草原用途和违约责任等。承包期届满，原承包经营者在同等条件下享有优先承包权。"
3. BCD，解析：根据《草原法》第 38 条规定："进行矿藏开采和工程建设，应当不占或者少占草原；确需征收、征用或者使用草原的，必须经省级以上人民政府草原行政主管部门审核同意后，依照有关土地管理的法律、行政法规办理建设用地审批手续。"

（四）填空题

1. 单位或者个人。（《草原法》第 12 条）
2. 自愿互利；协商。（《草原法》第 37 条）
3. 临时占用。（《草原法》第 40 条第 1 款）
4. 粮食、现金、草种费补助；草原权属证书。（《草原法》第 48 条第 2 款）

（五）简答题

答：根据《草原法》第 16 条规定，草原所有权、使用权的争议，由当事人协商解决；协商不成的，由有关人民政府处理。单位之间的争议，由县级以上人民政府处理；个人之间、个人与单位之间的争议，由乡（镇）人民政府或者县级以上人民政府处理。当事人对有关人民政府的处理决定不服的，可以依法向人民法院起诉。在草原权属争议解决前，任何一方不得改变草原利用现状，不得破坏草原和草原上的设施。

六、渔业法

（一）判断题

1. 县级以上地方人民政府在核发养殖证时，应当优先安排当地的渔业生产者。（　　）
2. 当事人因使用国家规划确定用于养殖业的水域、滩涂从事养殖生产发生争议的，按照有关法律规定的程序处理。在争议解决以前，任何一方都可以破坏养殖生产。（　　）
3. 渔港建设应当遵守国家的统一规划，实行谁投资谁受益的原则。县级以上地方人民政府应当对位于本行政区域内的渔港加强监督管理，维护渔港的正常秩序。（　　）
4. 制造、销售禁用的渔具的，没收非法制造、销售的渔具和违法所得，并处 1 万元以下的罚款。（　　）
5. 未依法取得捕捞许可证擅自进行捕捞的，没收渔获物和违法所得，并处 10 万元以下的罚款．（　　）
6. 外国人、外国渔船违反本法规定，擅自进入中华人民共和国管辖水域从事渔业生产和渔业资源调查活动的，责令其离开或者将其驱逐，可以没收渔获物、渔具，并处 50 万元以下的罚款。（　　）

（二）单项选择题

1. 国家对渔业生产实行以养殖为主，（　　）并举，因地制宜，各有侧重的方针。

   A. 养殖、捕捞、销售　　　B. 养殖、销售、加工

   C. 销售、捕捞、加工　　　D. 养殖、捕捞、加工
2. 县级以上地方人民政府应当采取措施，加强对（　　）的保护。

   A. 鱼生产基地和城市郊区重要养殖水域

B. 商品鱼生产基地和城市重要养殖水域

C. 商品鱼生产基地和城市郊区重要养殖水域

D. 商品鱼生产基地和城市农村重要养殖水域

3. 国家对捕捞业实行捕捞(　　)制度。

A. 许可证　　B. 确权证

C. 批准证　　D. 准入证

(三) 多项选择题

1. 具备下列哪些条件的，方可发给捕捞许可证？(　　)

A. 有渔业船舶检验证书

B. 有渔业船舶登记证书

C. 符合国务院渔业行政主管部门规定的其他条件

D. 有渔船

2. 关于《渔业法》，下列说法正确的有：(　　)

A. 禁止使用炸鱼、毒鱼、电鱼等破坏渔业资源的方法进行捕捞

B. 禁止制造、销售、使用禁用的渔具

C. 禁渔期可以适度捕捞

D. 可以使用小于最小网目尺寸的网具进行捕捞

3. 国家鼓励全民所有制单位、集体所有制单位和个人充分利用适于养殖的(　　)，发展养殖业。

A. 山脉　　B. 丘陵

C. 水域　　D. 滩涂

4. 在(　　)等方面成绩显著的单位和个人，由各级人民政府给予精神的或者物质的奖励。

A. 破坏渔业资源　　B. 增殖和保护渔业资源

C. 发展渔业生产　　D. 进行渔业科学技术研究

(四) 填空题

1. 造成渔业水域生态环境破坏或者渔业污染事故的，依照____和____的规定追究法律责任。

2. 从事捕捞作业的单位和个人，必须按照捕捞许可证关于作业类型、场所、时限、渔具数量和捕捞限额的规定进行作业，并遵守国家有关保护____的规定，大中型渔船应当填写____。
3. 制造、更新改造、购置、进口的从事捕捞作业的船舶必须经____检验合格后，方可下水作业。具体管理办法由国务院规定。
4. 在水生动物苗种重点产区引水用水时，应当____，保护苗种。

（五）简答题

1. 简述国家对捕捞业实行捕捞许可证制度。
2. 简述《渔业法》的立法目的。

参考答案

（一）判断题

1. √，解析：根据《渔业法》第 12 条规定。
2. ×，解析：根据《渔业法》第 13 条规定："当事人因使用国家规划确定用于养殖业的水域、滩涂从事养殖生产发生争议的，按照有关法律规定的程序处理。在争议解决以前，任何一方不得破坏养殖生产。"
3. √，解析：根据《渔业法》第 27 条规定。
4. √，解析：根据《渔业法》第 38 条第 3 款规定。
5. √，解析：根据《渔业法》第 41 条规定。
6. √，解析：根据《渔业法》第 46 条规定。

（二）单项选择题

1. D，解析：根据《渔业法》第 4 条规定，国家对渔业生产实行以养殖为主，养殖、捕捞、加工并举，因地制宜，各有侧重的方针。
2. C，解析：根据《渔业法》第 15 条规定，县级以上地方人民政府应当采取措施，加强对商品鱼生产基地和城市郊区重要养殖水域的保护。
3. A，解析：根据《渔业法》第 23 条规定，国家对捕捞业实行捕捞许可证制度。

（三）多项选择题

1. ABC，解析：根据《渔业法》第 24 条规定："具备下列条件的，方可发给捕捞许可证：（一）有渔业船舶检验证书；（二）有渔业船舶登记证书；（三）

符合国务院渔业行政主管部门规定的其他条件。”

2. AB，解析：根据《渔业法》第 30 条规定：“禁止在禁渔区、禁渔期进行捕捞。禁止使用小于最小网目尺寸的网具进行捕捞。”
3. CD，解析：根据《渔业法》第 10 条规定：“国家鼓励全民所有制单位、集体所有制单位和个人充分利用适于养殖的水域、滩涂，发展养殖业。”
4. BCD，解析：根据《渔业法》第 5 条规定：“在增殖和保护渔业资源、发展渔业生产、进行渔业科学技术研究等方面成绩显著的单位和个人，由各级人民政府给予精神的或者物质的奖励。”

（四）填空题

1. 《海洋环境保护法》；《水污染防治法》。（《渔业法》第 36 条第 2 款）
2. 渔业资源；渔捞日志。（《渔业法》第 25 条）
3. 渔业船舶检验部门。（《渔业法》第 26 条）
4. 采取措施。（《渔业法》第 31 条第 2 款）

（五）简答题

1. 答：根据《渔业法》第 23 条规定：“国家对捕捞业实行捕捞许可证制度。到中华人民共和国与有关国家缔结的协定确定的共同管理的渔区或者公海从事捕捞作业的捕捞许可证，由国务院渔业行政主管部门批准发放。海洋大型拖网、围网作业的捕捞许可证，由省、自治区、直辖市人民政府渔业行政主管部门批准发放。其他作业的捕捞许可证，由县级以上地方人民政府渔业行政主管部门批准发放；但是，批准发放海洋作业的捕捞许可证不得超过国家下达的船网工具控制指标，具体办法由省、自治区、直辖市人民政府规定。捕捞许可证不得买卖、出租和以其他形式转让，不得涂改、伪造、变造。到他国管辖海域从事捕捞作业的，应当经国务院渔业行政主管部门批准，并遵守中华人民共和国缔结的或者参加的有关条约、协定和有关国家的法律。”
2. 答：根据《渔业法》第 1 条规定：“为了加强渔业资源的保护、增殖、开发和合理利用，发展人工养殖，保障渔业生产者的合法权益，促进渔业生产的发展，适应社会主义建设和人民生活的需要，特制定本法。”

七、农业技术推广法

（一）判断题

1. 国家鼓励运用现代信息技术等先进传播手段，普及农业科学技术知识，创新农业技术推广方式方法，提高推广效率。（　　）
2. 乡镇国家农业技术推广机构，可以实行县级人民政府农业技术推广部门管理为主或者乡镇人民政府管理为主、县级人民政府农业技术推广部门业务指导的体制，具体由国务院确定。（　　）
3. 国家鼓励和支持高等学校毕业生和科技人员到基层从事农业技术推广工作。各级人民政府应当采取措施，吸引人才，充实和加强基层农业技术推广队伍。（　　）
4. 国家鼓励和支持以大宗农产品和优势特色农产品生产为重点的农业示范区建设，发挥示范区对农业技术推广的引领作用，促进农业产业化发展和现代农业建设。（　　）

（二）单项选择题

1. （　　）应当加强对农业技术推广工作的领导，组织有关部门和单位采取措施，提高农业技术推广服务水平，促进农业技术推广事业的发展。

   A. 各级人民政府农业技术推广部门　B. 各级人民政府农业农村部门

   C. 各级人民政府　D. 各级人民政府民政部门

2. 国家鼓励和支持供销合作社、其他企业事业单位、社会团体以及社会各界（　　）的，开展农业技术推广服务。

   A. 教育人员　B. 医疗人员

   C. 科技人员　D. 农业工作者

3. 乡镇人民政府管理为主、县级人民政府农业技术推广部门业务指导的乡镇国家农业技术推广机构的人员，其业务考核、岗位聘用以及晋升，应当充分听取所在地的(　　)和服务对象的意见。

A. 县级人民政府农业技术推广部门

B. 县级人民政府农业农村部门

C. 县级人民政府民政部门

D. 县级人民政府

(三) 多项选择题

1. 农业技术推广，实行国家农业技术推广机构与(　　)、群众性科技组织、农民技术人员等相结合的推广体系。

A. 农业科研单位　　B. 有关学校

C. 农民专业合作社　　D. 涉农企业

2. 国家扶持农业技术推广事业，加快农业技术的普及应用，(　　)、生态、安全农业。

A. 高产　　B. 发展

C. 优质　　D. 高效

(四) 填空题

1. 国家鼓励运用____等先进传播手段，普及____，创新农业技术推广方式方法，提高推广效率。
2. 根据____的原则以及县域农业特色、森林资源、水系和水利设施分布等情况，因地制宜设置县、乡镇或者区域国家____。
3. 国家农业技术推广机构聘用的新进专业技术人员，应当具有大专以上有关专业学历，并通过县级以上人民政府有关部门组织的____。自治县、民族乡和国家确定的连片特困地区，经省、自治区、直辖市人民政府有关部门批准，可以聘用具有____的人员或者其他具有相应专业技术水平的人员。
4. 农业科研单位和有关学校应当适应农村经济建设发展的需要，开展____，加快先进技术在农业生产中的____。
5. 各级人民政府应当采取措施，保障和改善县、乡镇国家农业技术推广机构的专业技术人员的____，并按照国家规定给予补贴，保持国家农业技术推广队伍的____。

（五）简答题

1. 简述农业技术推广应当遵循的原则。
2. 各级国家农业技术推广机构属于公共服务机构，简述各级国家农业技术推广机构应履行的公益性职责。

参考答案

（一）判断题

1. √，解析：根据《农业技术推广法》第 5 条第 2 款规定。
2. ×，解析：根据《农业技术推广法》第 12 条第 2 款规定："乡镇国家农业技术推广机构，可以实行县级人民政府农业技术推广部门管理为主或者乡镇人民政府管理为主、县级人民政府农业技术推广部门业务指导的体制，具体由省、自治区、直辖市人民政府确定。"
3. √，解析：根据《农业技术推广法》第 14 条第 3 款规定。

4，√，解析：根据《农业技术推广法》第 26 条规定。

（二）单项选择题

1. C，解析：根据《农业技术推广法》第 7 条规定："各级人民政府应当加强对农业技术推广工作的领导，组织有关部门和单位采取措施，提高农业技术推广服务水平，促进农业技术推广事业的发展。"
2. C，解析：根据《农业技术推广法》第 10 条第 2 款规定："国家鼓励和支持供销合作社、其他企业事业单位、社会团体以及社会各界的科技人员，开展农业技术推广服务"
3. A，解析：根据《农业技术推广法》第 32 条第 4 款规定："乡镇人民政府管理为主、县级人民政府农业技术推广部门业务指导的乡镇国家农业技术推广机构的人员，其业务考核、岗位聘用以及晋升，应当充分听取所在地的县级人民政府农业技术推广部门和服务对象的意见。"

（三）多项选择题

1. ABCD，解析：根据《农业技术推广法》第 10 条第 1 款规定："农业技术推广，实行国家农业技术推广机构与农业科研单位、有关学校、农民专业合作社、涉农企业、群众性科技组织、农民技术人员等相结合的推广体系。”

2. ABCD，解析：根据《农业技术推广法》第3条规定：“国家扶持农业技术推广事业，加快农业技术的普及应用，发展高产、优质、高效、生态、安全农业。”

（四）填空题

1. 现代信息技术；农业科学技术知识（《农业技术推广法》第5条第2款）
2. 科学合理、集中力量；农业技术推广机构（《农业技术推广法》第12条第1款）
3. 专业技术水平考核；中专有关专业学历（《农业技术推广法》第14条第2款）
4. 农业技术开发和推广工作；普及应用（《农业技术推广法》第16条第1款）
5. 工作条件、生活条件和待遇；稳定（《农业技术推广法》第29条第1款）

（五）简答题

1. 答：根据《农业技术推广法》第4条规定：“农业技术推广应当遵循下列原则：（一）有利于农业、农村经济可持续发展和增加农民收入；（二）尊重农业劳动者和农业生产经营组织的意愿；（三）因地制宜，经过试验、示范；（四）公益性推广与经营性推广分类管理；（五）兼顾经济效益、社会效益，注重生态效益。”
2. 答：根据《农业技术推广法》第11条规定：“各级国家农业技术推广机构属于公共服务机构，履行下列公益性职责：（一）各级人民政府确定的关键农业技术的引进、试验、示范；（二）植物病虫害、动物疫病及农业灾害的监测、预报和预防；（三）农产品生产过程中的检验、检测、监测咨询技术服务；（四）农业资源、森林资源、农业生态安全和农业投入品使用的监测服务；（五）水资源管理、防汛抗旱和农田水利建设技术服务；（六）农业公共信息和农业技术宣传教育、培训服务；（七）法律、法规规定的其他职责。”

八、农业机械化促进法

（一）判断题

1. 国家引导、支持农民和农业生产经营组织自主选择先进适用的农业机械。任何单位和个人不得强迫农民和农业生产经营组织购买其指定的农业机械产品。（　　）
2. 县级以上地方人民政府主管农业机械化工作的部门和其他有关部门，按照各自的职责分工，密切配合，共同做好本行政区域的农业机械化促进工作。（　　）
3. 国务院应当组织有关单位采取技术攻关、试验、示范等措施，促进基础性、关键性、公益性农业机械科学研究和先进适用的农业机械的推广应用。（　　）
4. 国家支持引进、利用先进的农业机械、关键零配件和技术，鼓励引进外资从事农业机械的研究、开发、生产和经营。（　　）
5. 省级人民政府会同国务院财政部门、经济综合宏观调控部门，根据促进农业结构调整、保护自然资源与生态环境、推广农业新技术与加快农机具更新的原则，确定、公布国家支持推广的先进适用的农业机械产品目录，并定期调整。（　　）
6. 国家鼓励和支持农民合作使用农业机械，提高农业机械利用率和作业效率，提高作业成本。（　　）

（二）单项选择题

1. 农业机械生产者、经营者、维修者可以依照法律、行政法规的规定，自愿成立（　　），实行行业自律，为会员提供服务，维护会员的合法权益。

   A. 志愿者协会　　B. 行业协会

   C. 居民委员会　　D. 村民委员会

2. (　　)应当按照国家标准、行业标准和保障人身安全的要求，在其生产的农业机械产品上设置必要的安全防护装置、警示标志和中文警示说明。

A. 农民　　B. 个体工商户

C. 农业机械生产者　　D. 商人

(三) 多项选择题

1. 关于《农业机械化促进法》，下列说法中正确的是：(　　)

A. 禁止利用残次零配件和报废机具的部件拼装农业机械产品。

B. 禁止生产、销售不符合国家技术规范强制性要求的农业机械产品。

C. 农业机械生产者或者销售者，可以委托农业机械试验鉴定机构，对其定型生产或者销售的农业机械产品进行适用性、安全性和可靠性检测，作出技术评价。

D. 国务院农业行政主管部门会同国务院财政部门、经济综合宏观调控部门，根据促进农业结构调整、保护自然资源与生态环境、推广农业新技术与加快农机具更新的原则，确定、公布国家支持推广的先进适用的农业机械产品目录，并定期调整。

2. 国家支持引进、利用先进的(　　)，鼓励引进外资从事农业机械的研究、开发、生产和经营。

A. 农业机械　　B. 文化

C. 关键零配件　　D. 技术

3. 国务院农业行政主管部门和省级人民政府主管农业机械化工作的部门根据农业机械使用者的投诉情况和农业生产的实际需要，可以组织对在用的特定种类农业机械产品的(　　)进行调查，并公布调查结果。

A. 适用性　　B. 安全性

C. 可靠性　　D. 售后服务状况

(四) 填空题

1. 国家支持农业机械生产者开____发，采用先进技术、先进工艺和先进材料，提高农业机械产品的____，降低____，提供系列化、标准化、多功能和质量优良、节约能源、价格合理的农业机械产品。

2. 国务院农业行政主管部门和县级以上地方人民政府主管农业机械化工作的部门，应当按照____、____的方针，加强对农业机械安全使用的宣传、教育和管理。
3. 从事农业机械维修，应当具备与维修业务相适应的____、____和具有农业机械维修职业技能的____，保证维修质量。
4. 从事农业机械生产作业服务的收入，按照国家规定给予____。
5. 国家采取措施，鼓励和支持农业机械生产者增加____、____、____的研究开发投入，并对农业机械的科研开发和制造实施税收优惠政策。

参考答案

（一）判断题

1. √，解析：根据《农业机械化促进法》第 4 条规定。
2. √，解析：根据《农业机械化促进法》第 6 条第 2 款规定。
3. ×，解析：根据《农业机械化促进法》第 7 条规定："省级以上人民政府及其有关部门应当组织有关单位采取技术攻关、试验、示范等措施，促进基础性、关键性、公益性农业机械科学研究和先进适用的农业机械的推广应用。"
4. √，解析：根据《农业机械化促进法》第 10 条规定。
5. ×，解析：根据《农业机械化促进法》第 18 条规定："国务院农业行政主管部门会同国务院财政部门、经济综合宏观调控部门，根据促进农业结构调整、保护自然资源与生态环境、推广农业新技术与加快农机具更新的原则，确定、公布国家支持推广的先进适用的农业机械产品目录，并定期调整。"
6. ×，解析：根据《农业机械化促进法》第 19 条规定："国家鼓励和支持农民合作使用农业机械，提高农业机械利用率和作业效率，降低作业成本。"

（二）单项选择题

1. B，解析：根据《农业机械化促进法》第 25 条规定："农业机械生产者、经营者、维修者可以依照法律、行政法规的规定，自愿成立行业协会，实行行业自律，为会员提供服务，维护会员的合法权益。"
2. D，解析：根据《农业机械化促进法》第 13 条第 2 款规定："农业机械生产者应当按照国家标准、行业标准和保障人身安全的要求，在其生产的农业机械产品上设置必要的安全防护装置、警示标志和中文警示说明。"

（三）多项选择题

1. ABCD，解析：根据《农业机械化促进法》第 15 条第 3 款，A 正确；根据《农业机械化促进法》第 15 条第 2 款，B 正确；根据《农业机械化促进法》第 16 条 2 款，C 正确；根据《农业机械化促进法》第 18 条第 1 款，D 正确。
2. ACD，解析：根据《农业机械化促进法》第 10 条规定："国家支持引进、利用先进的农业机械、关键零配件和技术，鼓励引进外资从事农业机械的研究、开发、生产和经营。"
3. ABCD，解析：根据《农业机械化促进法》第 12 条第 2 款规定："国务院农业行政主管部门和省级人民政府主管农业机械化工作的部门根据农业机械使用者的投诉情况和农业生产的实际需要，可以组织对在用的特定种类农业机械产品的适用性、安全性、可靠性和售后服务状况进行调查，并公布调查结果。"

（四）填空题

1. 先进适用的农业机械；质量和技术水平；生产成本。（《农业机械化促进法》第 9 条）
2. 安全生产；预防为主。（《农业机械化促进法》第 20 条第 1 款）
3. 仪器；设备；技术人员。（《农业机械化促进法》第 24 条）
4. 税收优惠。（《农业机械化促进法》第 27 条第 1 款）
5. 新产品；新技术；新工艺。（《农业机械化促进法》第 26 条）

九、耕地占用税法

（一）判断题

1. 占用耕地建设农田水利设施的，需要缴纳耕地占用税。（　　）
2. 农村居民在规定用地标准以内占用耕地新建自用住宅，免征耕地占用税。（　　）
3. 耕地占用税由税务机关负责征收。（　　）
4. 纳税人在批准临时占用耕地期满之日起六个月内依法复垦，恢复种植条件的，全额退还已经缴纳的耕地占用税。（　　）

（二）单项选择题

1. 耕地占用税以纳税人实际占用的（　　）为计税依据，按照规定的适用税额一次性征收。

A. 耕地面积　　B. 耕地位置

C. 土地位置　　D. 土地面积

2. 在人均耕地低于（　　）的地区，省、自治区、直辖市可以根据当地经济发展情况，适当提高耕地占用税的适用税额，但提高的部分不得超过本法第4条第2款确定的适用税额的50%。

A. 0.4亩　　B. 0.5亩

C. 0.6亩　　D. 0.7亩

3. 铁路线路、公路线路、飞机场跑道、停机坪、港口、航道、水利工程占用耕地，减按每平方米（　　）元的税额征收耕地占用税。

A. 0.5　　B. 1

C. 2　　D. 3

4. 纳税人应当自纳税义务发生之日起（　　）日内申报缴纳耕地占用税。

A. 15　　B. 30

C. 60　　　　D. 90

三、填空题

1. 在中华人民共和国境内占用耕地建设____、构筑物或者从事____建设的单位和个人，为耕地占用税的纳税人，应当依照本法规定缴纳耕地占用税。
2. 军事设施、____、幼儿园、社会福利机构、____占用耕地，免征耕地占用税。
3. 占用园地、____、草地、农田水利用地、____、渔业水域滩涂以及其他农用地建设建筑物、构筑物或者从事____建设的，依照本法的规定缴纳耕地占用税。

四、简答题

简述耕地占用税的税额。

参考答案

（一）判断题

1. ×，解析：根据《耕地占用税法》第2条第2款规定，占用耕地建设农田水利设施的，不缴纳耕地占用税。
2. ×，解析：根据《耕地占用税法》第6条第3款规定，农村居民在规定用地标准以内占用耕地新建自用住宅，按照当地适用税额减半征收耕地占用税；其中农村居民经批准搬迁，新建自用住宅占用耕地不超过原宅基地面积的部分，免征耕地占用税。
3. √，解析：根据《耕地占用税法》第9条规定。
4. ×，解析：根据《耕地占用税法》第11条规定，纳税人因建设项目施工或者地质勘查临时占用耕地，应当依照本法的规定缴纳耕地占用税。纳税人在批准临时占用耕地期满之日起一年内依法复垦，恢复种植条件的，全额退还已经缴纳的耕地占用税。

（二）单项选择题

1. A，解析：根据《耕地占用税法》第3条规定，耕地占用税以纳税人实际占用的耕地面积为计税依据，按照规定的适用税额一次性征收，应纳税额为纳税人实际占用的耕地面积（平方米）乘以适用税额。

2. B，解析：根据《耕地占用税法》第 5 条规定，在人均耕地低于 0.5 亩的地区，省、自治区、直辖市可以根据当地经济发展情况，适当提高耕地占用税的适用税额，但提高的部分不得超过本法第 4 条第 2 款确定的适用税额的 50%。具体适用税额按照本法第 4 条第 2 款规定的程序确定。

3. C，解析：根据《耕地占用税法》第 6 条第 2 款规定，铁路线路、公路线路、飞机场跑道、停机坪、港口、航道、水利工程占用耕地，减按每平方米 2 元的税额征收耕地占用税。

4. B，解析：根据《耕地占用税法》第 10 条第 1 款规定，耕地占用税的纳税义务发生时间为纳税人收到自然资源主管部门办理占用耕地手续的书面通知的当日。纳税人应当自纳税义务发生之日起 30 日内申报缴纳耕地占用税。

（三）填空题

1. 建筑物；非农业。（《耕地占用税法》第 2 条第 1 款）
2. 学校；医疗机构。（《耕地占用税法》第 6 条第 1 款）
3. 林地；养殖水面；非农业。（《耕地占用税法》第 12 条）

（四）简答题

答：根据《耕地占用税法》第 4 条规定，耕地占用税的税额如下：（1）人均耕地不超过 1 亩的地区（以县、自治县、不设区的市、市辖区为单位，下同），每平方米为 10 元至 50 元；（2）人均耕地超过 1 亩但不超过 2 亩的地区，每平方米为 8 元至 40 元；（3）人均耕地超过 2 亩但不超过 3 亩的地区，每平方米为 6 元至 30 元；（4）人均耕地超过 3 亩的地区，每平方米为 5 元至 25 元。

十、农村土地承包法

（一）判断题

1. 农村集体经济组织成员有权依法承包由本集体经济组织发包的农村土地。（　　）
2. 任何组织和个人不得剥夺和非法限制农村集体经济组织成员承包土地的权利。（　　）
3. 农村土地承包，妇女与男子享有平等的权利。承包中应当保护妇女的合法权益，任何组织和个人不得剥夺、侵害妇女应当享有的土地承包经营权。（　　）
4. 耕地的承包期为40年。草地的承包期为30年至50年。林地的承包期为30年至70年。（　　）
5. 承包合同自成立之日起生效。承包方自承包合同生效时取得土地承包经营权。（　　）
6. 承包方之间为方便耕种或者各自需要，可以对属于同一集体经济组织的土地的土地承包经营权进行互换，并向发包方备案。（　　）
7. 农村土地承包采取农村集体经济组织内部的家庭承包方式，不宜采取家庭承包方式的荒山、荒沟、荒丘、荒滩等农村土地，可以采取招标、拍卖、公开协商等方式承包。（　　）
8. 土地承包经营权证或者林权证等证书应当将具有土地承包经营权的全部家庭成员列入。（　　）
9. 承包方流转土地经营权的，其与发包方的承包关系改变。（　　）
10. 实现担保物权时，担保物权人有权就土地经营权优先受偿。（　　）

（二）单项选择题

1. 关于《农村土地承包法》，下列说法错误的是：（　　）

A. 农民集体所有的土地依法属于村农民集体所有的，由村集体经济组织或者村民委员会发包

B. 承包地可以买卖

C. 国家鼓励增加对土地的投入，培肥地力，提高农业生产能力

D. 国家所有依法由农民集体使用的农村土地，由使用该土地的农村集体经济组织、村民委员会或者村民小组发包

2. 经发包方同意，承包方可以将（　　）的土地承包经营权转让给本集体经济组织的其他农户，由该农户同发包方确立新的承包关系，原承包方与发包方在该土地上的承包关系即行终止。

A. 全部　　B. 70%

C. 部分　　D. 全部或者部分

3. 关于土地承包经营权的保护和互换、转让，下列说法中错误的是：（　　）

A. 承包期内，发包方不得收回承包地

B. 承包期内，发包方可以调整承包地

C. 国家保护进城农户的土地承包经营权

D. 不得以退出土地承包经营权作为农户进城落户的条件

（三）多项选择题

1. 国家保护承包方（　　）流转土地经营权，保护土地经营权人的合法权益，任何组织和个人不得侵犯。

A. 无法　　B. 依法

C. 自愿　　D. 有偿

2. 关于《农村土地承包法》，下列说法正确的是：（　　）

A. 国家对耕地、林地和草地等实行统一登记，登记机构应当向承包方颁发土地承包经营权证或者林权证等证书，并登记造册，确认土地承包经营权

B. 土地承包经营权证或者林权证等证书应当将具有土地承包经营权的全部家庭成员列入

C. 登记机构除按规定收取证书工本费外，不得收取其他费用

D. 国家机关及其工作人员不得利用职权干涉农村土地承包或者变更、解除承包合同

3. 关于《农村土地承包法》，下列说法错误的是：（　　）

A. 承包期内，妇女结婚，在新居住地未取得承包地的，发包方不得收回其原承包地

B. 妇女离婚或者丧偶，仍在原居住地生活或者不在原居住地生活但在新居住地未取得承包地的，发包方可以收回其原承包地

C. 承包人应得的承包收益，依照继承法的规定继承

D. 林地承包的承包人死亡，其继承人不得在承包期内继续承包

4. （　　）等可以直接通过招标、拍卖、公开协商等方式实行承包经营，也可以将土地经营权折股分给本集体经济组织成员后，再实行承包经营或者股份合作经营。

A. 荒山　　B. 荒沟

C. 荒丘　　D. 荒滩

（四）填空题

1. 承包方承包土地后，享有____，可以自己经营，也可以保留土地承包权，流转其承包地的____，由他人经营。
2. 农村土地承包经营应当遵守法律、法规，保护土地资源的____和____。
3. 承包期内，承包方可以____将承包地交回发包方。承包方自愿交回承包地的，可以获得____，但是应当提前半年以____通知发包方。承包方在承包期内交回承包地的，在承包期内不得再要求承包土地。
4. 土地承包经营权互换、转让的，当事人可以向登记机构____。未经登记，不得对抗____。
5. 经____同意，受让方可以依法投资改良土壤，建设农业生产附属、配套设施，并按照合同约定对其投资部分获得____。
6. 经承包方____同意，并向本集体经济组织备案，受让方可以再____。
7. 发包方将农村土地发包给本集体经济组织以外的单位或者个人承包，应当事先经本集体经济组织成员的村民会议 2/3 以上____或者 2/3 以上____的同意，并报乡（镇）人民政府批准。

8. 通过招标、拍卖、公开协商等方式承包农村土地，经依法登记取得权属证书的，可以依法采取____、____、____或者其他方式流转土地经营权。

（五）简答题

1. 简述发包方享有的权利和承担的义务。
2. 简述承包方享有的权利和承担的义务。
3. 简述土地经营权流转应当遵循的原则。

参考答案

（一）判断题

1. √，解析：根据《农村土地承包法》第 5 条第 1 款规定。
2. √，解析：根据《农村土地承包法》第 5 条第 2 款规定。
3. √，解析：根据《农村土地承包法》第 6 条规定。
4. ×，解析：根据《农村土地承包法》第 21 条规定："耕地的承包期为三十年。草地的承包期为三十年至五十年。林地的承包期为三十年至七十年。前款规定的耕地承包期届满后再延长三十年，草地、林地承包期届满后依照前款规定相应延长。"
5. √，解析：根据《农村土地承包法》第 23 条规定。
6. √，解析：根据《农村土地承包法》第 33 条规定。
7. √，解析：根据《农村土地承包法》第 3 条第 2 款规定。
8. √，解析：根据《农村土地承包法》第 24 条第 2 款规定。
9. ×，解析：根据《农村土地承包法》第 44 条规定："承包方流转土地经营权的，其与发包方的承包关系不变。"
10. √，解析：根据《农村土地承包法》第 47 条第 3 款规定。

（二）单项选择题

1. B，解析：根据《农村土地承包法》第 4 条规定："农村土地承包后，土地的所有权性质不变。承包地不得买卖。"
2. D，解析：根据《农村土地承包法》第 34 条规定："经发包方同意，承包方可以将全部或者部分的土地承包经营权转让给本集体经济组织的其他农户，由该农户同发包方确立新的承包关系，原承包方与发包方在该土地上的承包关系即行终止。”

3. B，解析：根据《农村土地承包法》第 28 条第 1 款规定：“承包期内，发包方不得调整承包地。”

（三）多项选择题

1. BCD，解析：根据《农村土地承包法》第 10 条规定：“国家保护承包方依法、自愿、有偿流转土地经营权，保护土地经营权人的合法权益，任何组织和个人不得侵犯。”
2. ABCD，解析：根据《农村土地承包法》第 24 条规定：“国家对耕地、林地和草地等实行统一登记，登记机构应当向承包方颁发土地承包经营权证或者林权证等证书，并登记造册，确认土地承包经营权。土地承包经营权证或者林权证等证书应当将具有土地承包经营权的全部家庭成员列入。登记机构除按规定收取证书工本费外，不得收取其他费用。”《农村土地承包法》第 26 条规定：“国家机关及其工作人员不得利用职权干涉农村土地承包或者变更、解除承包合同。”
3. BD，解析：根据《农村土地承包法》第 31 条规定：“承包期内，妇女结婚，在新居住地未取得承包地的，发包方不得收回其原承包地；妇女离婚或者丧偶，仍在原居住地生活或者不在原居住地生活但在新居住地未取得承包地的，发包方不得收回其原承包地。”故 B 项错误。《农村土地承包法》第 32 条第 2 款规定：“林地承包的承包人死亡，其继承人可以在承包期内继续承包。”故 D 项错误。
4. ABCD，解析：根据《农村土地承包法》第 50 条第 1 款规定：“荒山、荒沟、荒丘、荒滩等可以直接通过招标、拍卖、公开协商等方式实行承包经营，也可以将土地经营权折股分给本集体经济组织成员后，再实行承包经营或者股份合作经营。”

（四）填空题

1. 土地承包经营权；土地经营权。（《农村土地承包法》第 9 条）
2. 合理开发；可持续利用。（《农村土地承包法》第 11 条）
3. 自愿；合理补偿；书面形式。（《农村土地承包法》第 30 条）
4. 申请登记；善意第三人。（《农村土地承包法》第 35 条）
5. 承包方；合理补偿。（《农村土地承包法》第 43 条）
6. 书面；流转土地经营权。（《农村土地承包法》第 46 条）
7. 成员；村民代表。（《农村土地承包法》第 52 条第 1 款）

8. 出租；入股；抵押。（《农村土地承包法》第53条）

（五）简答题

1. 答：根据《农村土地承包法》第14条规定："发包方享有下列权利：（一）发包本集体所有的或者国家所有依法由本集体使用的农村土地；（二）监督承包方依照承包合同约定的用途合理利用和保护土地；（三）制止承包方损害承包地和农业资源的行为；（四）法律、行政法规规定的其他权利。"《农村土地承包法》第15条规定："发包方承担下列义务：（一）维护承包方的土地承包经营权，不得非法变更、解除承包合同；（二）尊重承包方的生产经营自主权，不得干涉承包方依法进行正常的生产经营活动；（三）依照承包合同约定为承包方提供生产、技术、信息等服务；（四）执行县、乡（镇）土地利用总体规划，组织本集体经济组织内的农业基础设施建设；（五）法律、行政法规规定的其他义务。"

2. 答：根据《农村土地承包法》第17条规定："承包方享有下列权利：（一）依法享有承包地使用、收益的权利，有权自主组织生产经营和处置产品；（二）依法互换、转让土地承包经营权；（三）依法流转土地经营权；（四）承包地被依法征收、征用、占用的，有权依法获得相应的补偿；（五）法律、行政法规规定的其他权利。"《农村土地承包法》第18条规定："承包方承担下列义务：（一）维持土地的农业用途，未经依法批准不得用于非农建设；（二）依法保护和合理利用土地，不得给土地造成永久性损害；（三）法律、行政法规规定的其他义务。"

3. 答：根据《农村土地承包法》第38条规定："土地经营权流转应当遵循以下原则：（一）依法、自愿、有偿，任何组织和个人不得强迫或者阻碍土地经营权流转；（二）不得改变土地所有权的性质和土地的农业用途，不得破坏农业综合生产能力和农业生态环境；（三）流转期限不得超过承包期的剩余期限；（四）受让方须有农业经营能力或者资质；（五）在同等条件下，本集体经济组织成员享有优先权。"

十一、农村土地承包经营纠纷调解仲裁法

（一）判断题

1. 发生农村土地承包经营纠纷的，当事人可以自行和解，也可以请求村民委员会、乡（镇）人民政府等调解。（ ）
2. 当事人和解、调解不成或者不愿和解、调解的，可以向农村土地承包仲裁委员会申请仲裁，也可以直接向县人民政府申诉。（ ）
3. 农村土地承包经营纠纷调解和仲裁，应当公开、公平、公正，便民高效，根据事实，符合法律，尊重社会公德。（ ）
4. 各人民政府应当加强对农村土地承包经营纠纷调解和仲裁工作的指导。（ ）
5. 农村土地承包仲裁委员会，根据解决农村土地承包经营纠纷的实际需要设立。农村土地承包仲裁委员会可以在县和不设区的市设立，也可以在设区的市或者其市辖区设立。（ ）
6. 农村土地承包仲裁委员会由当地人民政府及其有关部门代表、有关人民团体代表、农村集体经济组织代表、农民代表和法律、经济等相关专业人员兼任组成，其中农民代表和法律、经济等相关专业人员不得少于组成人员的2/3。（ ）
7. 省、自治区、直辖市人民政府农村土地承包管理部门应当制定仲裁员培训计划，加强对仲裁员培训工作的组织和指导。（ ）
8. 农村土地承包经营纠纷仲裁的申请人、被申请人为当事人。家庭承包的，可以由农户代表人参加仲裁。当事人一方人数众多的，可以推选代表人参加仲裁。（ ）
9. 当事人申请仲裁，应当向纠纷涉及的土地所在地的农村土地承包仲裁委员会递交仲裁申请书。仲裁申请书可以邮寄或者委托他人代交。（ ）
10. 农村土地承包仲裁委员会决定受理的，应当自收到仲裁申请之日起15个

工作日内，将受理通知书、仲裁规则和仲裁员名册送达申请人；决定不予受理或者终止仲裁程序的，应当自收到仲裁申请或者发现终止仲裁程序情形之日起 15 个工作日内书面通知申请人，并说明理由。(　　)

(二) 单项选择题

1. 农村土地承包仲裁委员会在当地(　　)指导下设立。设立农村土地承包仲裁委员会的，其日常工作由当地农村土地承包管理部门承担。

A. 人民政府　　B. 人民政府民政部门

C. 人民政府农业农村部门　　D. 人民政府自然资源部门

2. (　　)对农村土地承包经营纠纷应当进行调解。调解达成协议的，应当制作调解书；调解不成的，应当及时作出裁决。

A. 人民调解委员会　　B. 人民法院

C. 仲裁庭　　D. 村民委员会

3. 农村土地承包经营纠纷申请仲裁的时效期间为(　　)，自当事人知道或者应当知道其权利被侵害之日起计算。

A. 1 年　　B. 4 年

C. 2 年　　D. 3 年

4. 农村土地承包仲裁委员会应当自受理仲裁申请之日起(　　)工作日内，将受理通知书、仲裁申请书副本、仲裁规则和仲裁员名册送达被申请人。

A. 3 个　　B. 7 个

C. 6 个　　D. 5 个

(三) 多项选择题

1. 当事人在开庭过程中有权(　　)。对不通晓当地通用语言文字的当事人，农村土地承包仲裁委员会应当为其提供．翻译。

A. 发表意见　　B. 陈述事实和理由

C. 提供证据　　D. 进行质证和辩论

2. 对权利义务关系明确的纠纷，经当事人申请，仲裁庭可以先行裁定(　　)等行为。

A. 维持现状　　B. 恢复农业生产

C. 停止取土、占地　　D. 赔偿损失

3. 仲裁庭依法独立履行职责，不受(　　)的干涉。

A. 审判机关　　B. 行政机关

C. 社会团体　　D. 个人

(四) 填空题

1. 农村土地承包仲裁委员会设主任一人、副主任一至二人和委员若干人。主任、副主任由全体组成人员____产生。
2. 农村土地承包仲裁委员会应当对仲裁员进行____以及____的培训。
3. 农村土地承包仲裁委员会组成人员、仲裁员应当依法履行职责，遵守农村土地承包仲裁委员会章程和仲裁规则，不得____、____，不得侵害当事人的合法权益。
4. 证据应当在开庭时出示，但涉及____、____和____的证据不得在公开开庭时出示。
5. 当事人和其他仲裁参与人认为对自己陈述的记录____，有权____。如果不予补正，应当记录该申请。
6. 裁决应当按照____的意见作出，少数仲裁员的不同意见可以记入笔录。仲裁庭不能形成多数意见时，裁决应当按照____的意见作出。
7. 当事人不服仲裁裁决的，可以自收到裁决书之日起____向人民法院起诉。逾期不起诉的，裁决书即____。
8. 农村土地承包经营纠纷仲裁不得向当事人____，仲裁工作经费纳入____予以保障。

(五) 简答题

1. 简述农村土地承包经营纠纷包括什么。
2. 简述农村土地承包仲裁委员会依法履行的职责。
3. 简述《农村土地承包经营纠纷调解仲裁法》中需要仲裁员回避的情形。

参考答案

（一）判断题

1. √，解析：根据《农村土地承包经营纠纷调解仲裁法》第3条规定。
2. ×，解析：根据《农村土地承包经营纠纷调解仲裁法》第4条规定："当事人和解、调解不成或者不愿和解、调解的，可以向农村土地承包仲裁委员会申请仲裁，也可以直接向人民法院起诉。"
3. √，解析：根据《农村土地承包经营纠纷调解仲裁法》第5条规定。
4. ×，解析：根据《农村土地承包经营纠纷调解仲裁法》第6条第1款规定："县级以上人民政府应当加强对农村土地承包经营纠纷调解和仲裁工作的指导。"
5. √，解析：根据《农村土地承包经营纠纷调解仲裁法》第12条第1款规定。
6. ×，解析：根据《农村土地承包经营纠纷调解仲裁法》第13条第1款规定："农村土地承包仲裁委员会由当地人民政府及其有关部门代表、有关人民团体代表、农村集体经济组织代表、农民代表和法律、经济等相关专业人员兼任组成，其中农民代表和法律、经济等相关专业人员不得少于组成人员的二分之一。"
7. √，解析：根据《农村土地承包经营纠纷调解仲裁法》第16条第2款规定。
8. √，解析：根据《农村土地承包经营纠纷调解仲裁法》第19条第1款规定。
9. √，解析：根据《农村土地承包经营纠纷调解仲裁法》第21条第1款规定。
10. ×，解析：根据《农村土地承包经营纠纷调解仲裁法》第23条规定："农村土地承包仲裁委员会决定受理的，应当自收到仲裁申请之日起五个工作日内，将受理通知书、仲裁规则和仲裁员名册送达申请人；决定不予受理或者终止仲裁程序的，应当自收到仲裁申请或者发现终止仲裁程序情形之日起五个工作日内书面通知申请人，并说明理由。"

（二）单项选择题

1. A，解析：根据《农村土地承包经营纠纷调解仲裁法》第12条第2款规定："农村土地承包仲裁委员会在当地人民政府指导下设立。设立农村土地承包仲裁委员会的，其日常工作由当地农村土地承包管理部门承担。"
2. C，解析：根据《农村土地承包经营纠纷调解仲裁法》第11条第1款规定："仲裁庭对农村土地承包经营纠纷应当进行调解。调解达成协议的，仲裁庭应当制作调解书；调解不成的，应当及时作出裁决。”

3. C，解析：根据《农村土地承包经营纠纷调解仲裁法》第 18 条规定：“农村土地承包经营纠纷申请仲裁的时效期间为二年，自当事人知道或者应当知道其权利被侵害之日起计算。”

4. D，解析：根据《农村土地承包经营纠纷调解仲裁法》第 24 条规定：“农村土地承包仲裁委员会应当自受理仲裁申请之日起五个工作日内，将受理通知书、仲裁申请书副本、仲裁规则和仲裁员名册送达被申请人。”

（三）多项选择题

1. ABCD，解析：根据《农村土地承包经营纠纷调解仲裁法》第 36 条规定：“当事人在开庭过程中有权发表意见、陈述事实和理由、提供证据、进行质证和辩论。对不通晓当地通用语言文字的当事人，农村土地承包仲裁委员会应当为其提供翻译。”

2. ABCD，解析：根据《农村土地承包经营纠纷调解仲裁法》第 42 条第一款规定：“对权利义务关系明确的纠纷，经当事人申请，仲裁庭可以先行裁定维持现状、恢复农业生产以及停止取土、占地等行为。”

3. BCD，解析：根据《农村土地承包经营纠纷调解仲裁法》第 46 条规定：“仲裁庭依法独立履行职责，不受行政机关、社会团体和个人的干涉。”

（四）填空题

1. 选举。（《农村土地承包经营纠纷调解仲裁法》第 13 条第 2 款）
2. 农村土地承包法律；国家政策。（《农村土地承包经营纠纷调解仲裁法》第 16 条第 1 款）
3. 索贿受贿；徇私舞弊。（《农村土地承包经营纠纷调解仲裁法》第 17 条第 1 款）
4. 国家秘密；商业秘密；个人隐私。（《农村土地承包经营纠纷调解仲裁法》第 40 条第 1 款）
5. 有遗漏或者差错的；申请补正。（《农村土地承包经营纠纷调解仲裁法》第 43 条第 2 款）
6. 多数仲裁员；首席仲裁员。（《农村土地承包经营纠纷调解仲裁法》第 44 条第 2 款）
7. 30 日内；发生法律效力。（《农村土地承包经营纠纷调解仲裁法》第 48 条）
8. 收取费用；财政预算。（《农村土地承包经营纠纷调解仲裁法》第 52 条）

（五）简答题

1. 答：根据《农村土地承包经营纠纷调解仲裁法》第 2 条规定："农村土地承包经营纠纷包括：（一）因订立、履行、变更、解除和终止农村土地承包合同发生的纠纷；（二）因农村土地承包经营权转包、出租、互换、转让、入股等流转发生的纠纷；（三）因收回、调整承包地发生的纠纷；（四）因确认农村土地承包经营权发生的纠纷；（五）因侵害农村土地承包经营权发生的纠纷；（六）法律、法规规定的其他农村土地承包经营纠纷。"
2. 答：根据《农村土地承包经营纠纷调解仲裁法》第 14 条规定："农村土地承包仲裁委员会依法履行下列职责：（一）聘任、解聘仲裁员；（二）受理仲裁申请；（三）监督仲裁活动。"
3. 答：根据《农村土地承包经营纠纷调解仲裁法》第 28 条规定："仲裁员有下列情形之一的，必须回避，当事人也有权以口头或者书面方式申请其回避：（一）是本案当事人或者当事人、代理人的近亲属；（二）与本案有利害关系；（三）与本案当事人、代理人有其他关系，可能影响公正仲裁；（四）私自会见当事人、代理人，或者接受当事人、代理人的请客送礼。"

十二、农民专业合作社法

（一）判断题

1. 农民专业合作社对由成员出资、公积金、国家财政直接补助、他人捐赠以及合法取得的其他资产所形成的财产，享有占有、使用和处分的权利，对上述财产债务不承担责任。（　　）
2. 农民专业合作社成员可以用货币出资，但不可以用实物、知识产权、土地经营权、林权等可以用货币估价并可以依法转让的非货币财产，以及章程规定的其他方式作价出资。（　　）
3. 具有民事权利能力的公民，以及从事与农民专业合作社业务直接有关的生产经营活动的企业、事业单位或者社会组织，能够利用农民专业合作社提供的服务，承认并遵守农民专业合作社章程，履行章程规定的入社手续的，可以成为农民专业合作社的成员。具有管理公共事务职能的单位也加入农民专业合作社。（　　）
4. 农民专业合作社成员要求退社的，应当在会计年度终了的 10 个月前向理事长或者理事会提出书面申请；其中，企业、事业单位或者社会组织成员退社，应当在会计年度终了的 6 个月前提出；章程另有规定的，从其规定。退社成员的成员资格自会计年度终了时终止。（　　）
5. 成员资格终止的，农民专业合作社应当按照章程规定的方式和期限，退还记载在该成员账户内的出资额和公积金份额。（　　）
6. 可分配盈余按成员与本社的交易量（额）比例返还的返还总额不得低于可分配盈余的 50%。（　　）

（二）单项选择题

1. 成员大会选举或者作出决议，应当由本社成员表决权总数过半数通过；作出修改章程或者合并、分立、解散，以及设立、加入联合社的决议应当由本社成员表决权总数的（　　）以上通过。章程对表决权数有较高规定的，从其规定。

A. 2/3　　B. 4/5

C. 1/2　　D. 3/5

2. 农民专业合作社向登记机关提供虚假登记材料或者采取其他欺诈手段取得登记的，由登记机关责令改正，可以处（　　）以下罚款；情节严重的，撤销登记或者吊销营业执照。

A. 5000　　B. 3000

C. 2000　　D. 1000

（三）多项选择题

1. 农民专业合作社解散的原因有：（　　）

A. 章程规定的解散事由出现

B. 成员大会决议解散

C. 因合并或者分立需要解散

D. 依法被吊销营业执照或者被撤销

2. 中央和地方财政应当分别安排资金，支持农民专业合作社开展信息、培训、农产品标准与认证、农业生产基础设施建设、市场营销和技术推广等服务。国家对（　　）的农民专业合作社给予优先扶助。

A. 革命老区　　B. 民族地区

C. 边疆地区　　D. 贫困地区

（四）填空题

1. 清算组自____起接管____，负责处理与清算有关未了结业务，清理财产和债权、债务，分配清偿债务后的剩余财产，代表农民专业合作社参与诉讼、仲裁或者其他法律程序，并在清算结束时办理____。

2. 清算组应当自成立之日起____通知农民专业合作社成员和债权人，并于六十日内在报纸上公告。债权人应当自接到通知之日起，未接到通知的自公告之日起____，向清算组申报债权。如果在规定期间内全部成员、债权人均已收到通知，免除清算组的公告义务。

3. 清算组负责制定包括清偿农民专业合作社员工的____，清偿所欠税款和其他各项债务，以及分配剩余财产在内的____，经成员大会通过或者申请人民法院确认后实施。

（五）简答题

1. 简述农民专业合作社可以开展的业务。
2. 简述农民专业合作社应当遵循的原则。
3. 简述设立农民专业合作社，应当具备的条件。

参考答案

（一）判断题

1. ×，解析：根据《农民专业合作社法》第 5 条规定："农民专业合作社对由成员出资、公积金、国家财政直接补助、他人捐赠以及合法取得的其他资产所形成的财产，享有占有、使用和处分的权利，并以上述财产对债务承担责任。"
2. ×，解析：根据《农民专业合作社法》第 13 条第 1 款规定："农民专业合作社成员可以用货币出资，也可以用实物、知识产权、土地经营权、林权等可以用货币估价并可以依法转让的非货币财产，以及章程规定的其他方式作价出资；但是，法律、行政法规规定不得作为出资的财产除外。"
3. ×，解析：根据《农民专业合作社法》第 19 条规定："具有民事行为能力的公民，以及从事与农民专业合作社业务直接有关的生产经营活动的企业、事业单位或者社会组织，能够利用农民专业合作社提供的服务，承认并遵守农民专业合作社章程，履行章程规定的入社手续的，可以成为农民专业合作社的成员。但是，具有管理公共事务职能的单位不得加入农民专业合作社。"
4. ×，解析：根据《农民专业合作社法》第 25 条规定："农民专业合作社成员要求退社的，应当在会计年度终了的三个月前向理事长或者理事会提出书面申请；其中，企业、事业单位或者社会组织成员退社，应当在会计年度终了的六个月前提出；章程另有规定的，从其规定。退社成员的成员资格自会计年度终了时终止。"
5. √，解析：根据《农民专业合作社法》第 28 条规定。

6. ×，解析：根据《农民专业合作社法》第44条第2款规定："可分配盈余按成员与本社的交易量（额）比例返还的返还总额不得低于可分配盈余的百分之六十；返还后的剩余部分，以成员账户中记载的出资额和公积金份额，以及本社接受国家财政直接补助和他人捐赠形成的财产平均量化到成员的份额，按比例分配给本社成员。"

（二）单项选择题

1. A，解析：根据《农民专业合作社法》第30条第2款规定："成员大会选举或者作出决议，应当由本社成员表决权总数过半数通过；作出修改章程或者合并、分立、解散，以及设立、加入联合社的决议应当由本社成员表决权总数的三分之二以上通过。章程对表决权数有较高规定的，从其规定。"
2. A，解析：根据《农民专业合作社法》第70条规定："农民专业合作社向登记机关提供虚假登记材料或者采取其他欺诈手段取得登记的，由登记机关责令改正，可以处五千元以下罚款；情节严重的，撤销登记或者吊销营业执照。"

（三）多项选择题

1. ABCD，解析：根据《农民专业合作社法》第48条规定："农民专业合作社因下列原因解散：（一）章程规定的解散事由出现；（二）成员大会决议解散；（三）因合并或者分立需要解散；（四）依法被吊销营业执照或者被撤销。"
2. ABCD，解析：根据《农民专业合作社法》第65条第1款规定："中央和地方财政应当分别安排资金，支持农民专业合作社开展信息、培训、农产品标准与认证、农业生产基础设施建设、市场营销和技术推广等服务。国家对革命老区、民族地区、边疆地区和贫困地区的农民专业合作社给予优先扶助。"

（四）填空题

1. 成立之日；农民专业合作社；注销登记（《农民专业合作社法》第49条）
2. 10日内；30日内；45日内（《农民专业合作社法》第50条）
3. 工资及社会保险费用；清算方案（《农民专业合作社法》第52条第1款）

（五）简答题

1. 答：根据《农民专业合作社法》第3条规定："（一）农业生产资料的购买、使用；（二）农产品的生产、销售、加工、运输、贮藏及其他相关服务；（三）农村民间工艺及制品、休闲农业和乡村旅游资源的开发经营等；（四）与农业生产经营有关的技术、信息、设施建设运营等服务。"

2. 答：根据《农民专业合作社法》第 4 条规定："农民专业合作社应当遵循下列原则：（一）成员以农民为主体；（二）以服务成员为宗旨，谋求全体成员的共同利益；（三）入社自愿、退社自由；（四）成员地位平等，实行民主管理；（五）盈余主要按照成员与农民专业合作社的交易量（额）比例返还。"
3. 答：根据《农民专业合作社法》第 12 条条规定："设立农民专业合作社，应当具备下列条件：（一）有五名以上符合本法第十九条、第二十条规定的成员；（二）有符合本法规定的章程；（三）有符合本法规定的组织机构；（四）有符合法律、行政法规规定的名称和章程确定的住所；（五）有符合章程规定的成员出资。"

十三、乡镇企业法

（一）判断题

1. 乡镇企业是农村经济的重要支柱和国民经济的重要组成部分。（　　）
2. 经依法登记设立的乡镇企业，应当向当地乡镇企业行政管理部门办理登记备案手续。（　　）
3. 国家保护乡镇企业的合法权益；乡镇企业的合法财产不受侵犯。（　　）
4. 乡镇企业应当依法使用商标，重视企业信誉；按照国家规定，制作所生产经营的商品标识，可以伪造产品的产地或者伪造、冒用他人厂名、厂址和认证标志、名优标志。（　　）
5. 乡镇企业必须遵守有关劳动保护、劳动安全的法律、法规，认真贯彻执行安全第一、预防为主的方针，采取有效的劳动卫生技术措施和管理措施，防止生产伤亡事故和职业病的发生。（　　）
6. 乡镇企业建设项目中防治污染的设施，必须与主体工程同时设计、同时施工、同时投产使用。（　　）

（二）单项选择题

1. 国家根据乡镇企业发展的情况，在一定时期内对乡镇企业减征一定比例的税收。减征税收的税种、期限和比例由（　　）规定。

   A. 全国人大　　B. 全国人大常委会

   C. 国务院　　D. 全国人大及其常委会

2. 除法律、行政法规另有规定外，任何（　　）不得以任何方式向乡镇企业收取费用，进行摊派。

   A. 政府机关　　B. 社会组织

   C. 个人　　D. 机关、组织或者个人

（三）多项选择题

1. 乡镇企业按照(　　)规定的企业形式设立，投资者依照有关法律、行政法规决定企业的重大事项，建立经营管理制度，依法享有权利和承担义务。

A. 部门规章　　B. 法律

C. 行政法规　　D. 地方政府规章

2. 乡镇企业必须遵守有关环境保护的法律、法规，按照国家产业政策，在当地人民政府的统一指导下，采取措施，积极发展(　　)的企业，切实防治环境污染和生态破坏，保护和改善环境。

A. 无污染　　B. 有污染

C. 少污染　　D. 低资源消耗

3. 下列选项中，在乡镇企业发展基金的适用范围中的有：(　　)

A. 支持少数民族地区、边远地区和贫困地区发展乡镇企业；

B. 支持乡镇企业进行技术改造，开发名特优新产品和生产传统手工艺产品；

C. 发展从事粮食、饲料、肉类的加工、贮存、运销经营的乡镇企业；

D. 支持乡镇企业职工的职业教育和技术培训；

4. 县级以上人民政府依照国家有关规定，可以设立乡镇企业发展基金。基金由哪些资金构成？(　　)

A. 政府拨付的用于乡镇企业发展的周转金

B. 乡镇企业每年上缴地方税金增长部分中一定比例的资金

C. 基金运用产生的收益

D. 农村集体经济组织、乡镇企业、农民等自愿提供的资金

（四）填空题

1. 乡镇企业依法实行____，投资者在确定企业经营管理制度和企业负责人，作出重大经营决策和决定职工工资、生活福利、劳动保护、劳动安全等重大问题时，应当____本企业工会或者职工的意见，实施情况要定期向职工公布，接受职工____。

2. 乡镇企业应当按照市场需要和国家产业政策，合理调整____和____，加强____，不断采用先进的技术、生产工艺和设备，提高企业经营管理水平。
3. 乡镇企业应当按照国家有关规定，建立____，加强____，依法设置____，如实记录____。
4. 乡镇企业必须按照国家统计制度，如实报送统计资料。对于违反国家规定制发的____，乡镇企业有权____。
5. 乡镇企业应当加强____，努力提高产品质量；生产和销售的产品必须符合保障人体健康，人身、财产安全的____和____；不得生产、销售失效、变质产品和国家明令淘汰的产品。
6. 乡镇企业使用农村集体所有的土地，连续闲置____或者因停办闲置一年以上的，应当由原土地所有者____，重新安排使用。
7. 乡镇企业通过多渠道、多形式培训____、____和____，并采取优惠措施吸引人才。

（五）简答题

1. 简述乡镇企业的主要任务。
2. 简述乡镇企业发展基金的使用范围。

参考答案

（一）判断题

1. √，解析：根据《乡镇企业法》第 3 条第 1 款规定。
2. √，解析：根据《乡镇企业法》第 8 条第 1 款规定。
3. √，解析：根据《乡镇企业法》第 12 条第 1 款规定。
4. ×，解析：根据《乡镇企业法》第 34 条规定："乡镇企业应当依法使用商标，重视企业信誉；按照国家规定，制作所生产经营的商品标识，不得伪造产品的产地或者伪造、冒用他人厂名、厂址和认证标志、名优标志。"
5. √，解析：根据《乡镇企业法》第 37 条规定。
6. √，解析：根据《乡镇企业法》第 36 条第 2 款规定。

（二）单项选择题

1. C，解析：根据《乡镇企业法》第18条规定：“国家根据乡镇企业发展的情况，在一定时期内对乡镇企业减征一定比例的税收。减征税收的税种、期限和比例由国务院规定。”
2. D，解析：根据《乡镇企业法》第17条第2款规定：“除法律、行政法规另有规定外，任何机关、组织或者个人不得以任何方式向乡镇企业收取费用，进行摊派。”

（三）多项选择题

1. BC，解析：根据《乡镇企业法》第13条规定：“乡镇企业按照法律、行政法规规定的企业形式设立，投资者依照有关法律、行政法规决定企业的重大事项，建立经营管理制度，依法享有权利和承担义务。”
2. ACD，解析：根据《乡镇企业法》第35条第1款规定：“乡镇企业必须遵守有关环境保护的法律、法规，按照国家产业政策，在当地人民政府的统一指导下，采取措施，积极发展无污染、少污染和低资源消耗的企业，切实防治环境污染和生态破坏，保护和改善环境。”
3. ABCD，解析：根据《中华人民共和国乡镇企业法》第22条规定：“镇企业发展基金专门用于扶持乡镇企业发展，其使用范围如下：

（一）支持少数民族地区、边远地区和贫困地区发展乡镇企业；

（二）支持经济欠发达地区、少数民族地区与经济发达地区的乡镇企业之间进行经济技术合作和举办合资项目；

（三）支持乡镇企业按照国家产业政策调整产业结构和产品结构；

（四）支持乡镇企业进行技术改造，开发名特优新产品和生产传统手工艺产品；

（五）发展生产农用生产资料或者直接为农业生产服务的乡镇企业；

（六）发展从事粮食、饲料、肉类的加工、贮存、运销经营的乡镇企业；

（七）支持乡镇企业职工的职业教育和技术培训；

（八）其他需要扶持的项目。”

4. ABCD，解析：根据《乡镇企业法》第21条规定：“县级以上人民政府依照国家有关规定，可以设立乡镇企业发展基金。基金由下列资金组成：

（一）政府拨付的用于乡镇企业发展的周转金；

（二）乡镇企业每年上缴地方税金增长部分中一定比例的资金；

（三）基金运用产生的收益；

（四）农村集体经济组织、乡镇企业、农民等自愿提供的资金。”

（四）填空题

1. 民主管理；听取；监督。（《乡镇企业法》第 14 条）
2. 产业结构；产品结构；技术改造。（《乡镇企业法》第 27 条）
3. 财务会计制度；财务管理；会计帐册；财务活动。（《乡镇企业法》第 30 条）
4. 统计调查报表；拒绝填报。（《乡镇企业法》第 31 条）
5. 产品质量管理；国家标准；行业标准。（《乡镇企业法》第 33 条）
6. 两年以上；收回该土地使用权。（《乡镇企业法》第 28 条第 3 款）
7. 技术人员；经营管理人员；生产人员。（《乡镇企业法》第 23 条第 2 款）

（五）简答题

1. 答：根据《乡镇企业法》第 2 条第 2 款规定：“乡镇企业的主要任务是，根据市场需要发展商品生产，提供社会服务，增加社会有效供给，吸收农村剩余劳动力，提高农民收入，支援农业，推进农业和农村现代化，促进国民经济和社会事业发展。”
2. 答：根据《乡镇企业法》第 22 条规定：“乡镇企业发展基金专门用于扶持乡镇企业发展，其使用范围如下：（一）支持少数民族地区、边远地区和贫困地区发展乡镇企业；（二）支持经济欠发达地区、少数民族地区与经济发达地区的乡镇企业之间进行经济技术合作和举办合资项目；（三）支持乡镇企业按照国家产业政策调整产业结构和产品结构；（四）支持乡镇企业进行技术改造，开发名特优新产品和生产传统手工艺产品；（五）发展生产农用生产资料或者直接为农业生产服务的乡镇企业；（六）发展从事粮食、饲料、肉类的加工、贮存、运销经营的乡镇企业；（七）支持乡镇企业职工的职业教育和技术培训；（八）其他需要扶持的项目。”

十四、种子法

（一）判断题

1. 国家扶持种质资源保护工作和选育、生产、更新、推广使用良种，限制品种选育和种子生产经营相结合，奖励在种质资源保护工作和良种选育、推广等工作中成绩显著的单位和个人。（ ）
2. 省级以上人民政府应当根据科教兴农方针和农业、林业发展的需要制定种业发展规划并组织实施。（ ）
3. 省级以上人民政府建立种子储备制度，主要用于发生灾害时的生产需要及余缺调剂，保障农业和林业生产安全。对储备的种子应当定期检验和更新。种子储备的具体办法由全国人大常委会规定。（ ）
4. 转基因植物品种的选育、试验、审定和推广应当进行安全性评价，并采取严格的安全控制措施。（ ）
5. 国家有计划地普查、收集、整理、鉴定、登记、保存、交流和利用种质资源，定期公布可供利用的种质资源目录。（ ）
6. 国家对种质资源享有主权，任何单位和个人向境外提供种质资源，或者与境外机构、个人开展合作研究利用种质资源的，应当向省、自治区、直辖市人民政府农业、林业主管部门提出申请，并提交国家共享惠益的方案；受理申请的农业、林业主管部门经审核，报国务院农业、林业主管部门批准。（ ）
7. 主要农作物品种和主要林木品种的审定办法由国务院规定。审定办法应当体现公正、公开、科学、效率的原则，有利于产量、品质、抗性等的提高与协调，有利于适应市场和生活消费需要的品种的推广。在制定、修改审定办法时，应当充分听取育种者、种子使用者、生产经营者和相关行业代表意见。（ ）
8. 品种审定实行回避制度。品种审定委员会委员、工作人员及相关测试、

试验人员应当忠于职守，公正廉洁。(　　)

(二) 单项选择题

1. 审定未通过的农作物品种和林木品种，申请人有异议的，可以向(　　)申请复审。

A. 国家级审定委员会　　B. 省级审定委员会

C. 市级审定委员会　　D. 县级审定委员会

2. 国家对部分非主要农作物实行品种(　　)制度。

A. 注册　　B. 许可

C. 登记　　D. 审批

3. 应当审定的农作物品种未经审定的，不得(　　)。

A. 发布广告、生产、销售　　B. 发布广告、推广、出售

C. 发布广告、种植、销售　　D. 发布广告、推广、销售

(三) 多项选择题

1. 申请取得种子生产经营许可证的，应当具有与种子生产经营相适应的(　　)。

A. 生产经营设施、设备　　B. 专业技术人员

C. 生产资金　　D. 生产厨房

2. 种子生产经营者应当建立和保存包括种子(　　)、销售去向、销售日期和有关责任人员等内容的生产经营档案，保证可追溯。种子生产经营档案的具体载明事项，种子生产经营档案及种子样品的保存期限由国务院农业、林业主管部门规定。

A. 来源　　B. 产地

C. 数量　　D. 质量

(四) 填空题

1. 完成育种的单位或者个人对其授权品种，享有排他的____。

2. 从事种子进出口业务的种子生产经营许可证，由省、自治区、直辖市____审核，国务院农业、林业主管部门核发。

3. 农业、林业主管部门可以采用国家规定的快速检测方法对生产经营的种子品种进行检测，检测结果可以作为行政处罚依据。被检查人对检测结果有异议的，可以____，复检不得采用____。因检测结果错误给当事人造成损失的，依法承担赔偿责任。
4. 由于____，为生产需要必须使用低于国家或者地方规定标准的农作物种子的，应当经用种地县级以上地方____批准；林木种子应当经用种地省、自治区、直辖市人民政府批准。

（五）简答题

1. 简述《种子法》的立法目的。
2. 简述不得用于授权品种的命名的名称。

参考答案

（一）判断题

1. ×，解析：根据《种子法》第4条规定："国家扶持种质资源保护工作和选育、生产、更新、推广使用良种，鼓励品种选育和种子生产经营相结合，奖励在种质资源保护工作和良种选育、推广等工作中成绩显著的单位和个人。"
2. √，解析：根据《种子法》第5条规定。
3. ×，解析：根据《种子法》第6条规定："省级以上人民政府建立种子储备制度，主要用于发生灾害时的生产需要及余缺调剂，保障农业和林业生产安全。对储备的种子应当定期检验和更新。种子储备的具体办法由国务院规定。"
4. √，解析：根据《种子法》第7条规定。
5. √，解析：根据《种子法》第9条规定。
6. √，解析：根据《种子法》第11条规定。
7. ×，解析：根据《种子法》第15条第3款："主要农作物品种和主要林木品种的审定办法由国务院农业、林业主管部门规定。审定办法应当体现公正、公开、科学、效率的原则，有利于产量、品质、抗性等的提高与协调，有利于适应市场和生活消费需要的品种的推广。在制定、修改审定办法时，应当充分听取育种者、种子使用者、生产经营者和相关行业代表意见。"

8. √，解析：根据《种子法》第 16 条第 2 款规定。

（二）单项选择题

1. A，解析：根据《种子法》第 18 条规定："审定未通过的农作物品种和林木品种，申请人有异议的，可以向原审定委员会或者国家级审定委员会申请复审。"
2. A，解析：根据《种子法》第 22 条第 1 款规定："国家对部分非主要农作物实行品种登记制度。列入非主要农作物登记目录的品种在推广前应当登记。"
3. D，解析：根据《种子法》第 23 条第 1 款规定："应当审定的农作物品种未经审定的，不得发布广告、推广、销售。"

（三）多项选择题

1. AB，解析：根据《种子法》第 32 条第 1 款规定："申请取得种子生产经营许可证的，应当具有与种子生产经营相适应的生产经营设施、设备及专业技术人员，以及法规和国务院农业、林业主管部门规定的其他条件。"
2. ABCD，解析：根据《种子法》第 36 规定："种子生产经营者应当建立和保存包括种子来源、产地、数量、质量、销售去向、销售日期和有关责任人员等内容的生产经营档案，保证可追溯。种子生产经营档案的具体载明事项，种子生产经营档案及种子样品的保存期限由国务院农业、林业主管部门规定。"

（四）填空题

1. 独占权。（《种子法》第 28 条）
2. 人民政府农业、林业主管部门。（《种子法》第 31 条）
3. 申请复检；同一检测方法。（《种子法》第 47 条）
4. 不可抗力原因；人民政府。（《种子法》第 53 条）

（五）简答题

1. 答：根据《种子法》第 1 条规定，为了保护和合理利用种质资源，规范品种选育、种子生产经营和管理行为，保护植物新品种权，维护种子生产经营者、使用者的合法权益，提高种子质量，推动种子产业化，发展现代种业，保障国家粮食安全，促进农业和林业的发展，制定本法。
2. 答：根据《种子法》第 27 条规定：下列名称不得用于授权名称的命名："（一）仅以数字表示的；（二）违反社会公德的；（三）对植物新品种的特征、特性或者育种者身份等容易引起误解的。"

十五、农产品质量安全法

（一）判断题

1. 农产品，是指来源于农业的初级产品，即在农业活动中获得的植物、动物、微生物及其产品。（　　）
2. 禁止在有毒有害物质超过规定标准的区域生产、捕捞、采集食用农产品和建立农产品生产基地。（　　）
3. 禁止违反法律、法规的规定向农产品产地排放或者倾倒废水、废气、固体废物或者其他有毒有害物质。（　　）
4. 国务院农业行政主管部门和省、自治区、直辖市人民政府农业行政主管部门应当不定期对可能危及农产品质量安全的农药、兽药、饲料和饲料添加剂、肥料等农业投入品进行监督抽查，并公布抽查结果。（　　）
5. 农产品生产记录应当保存一年。禁止伪造农产品生产记录。（　　）
6. 农产品生产企业、农民专业合作经济组织未建立或者未按照规定保存农产品生产记录的，或者伪造农产品生产记录的，责令限期改正。（　　）

（二）单项选择题

1. 国家建立健全农产品质量安全标准体系。农产品质量安全标准是（　　）的技术规范。

   A. 强制性　　B. 非强制性

   C. 任意性　　D. 非任意性

2. 制定农产品质量安全标准应当充分考虑农产品质量安全风险评估结果，并听取农产品（　　）的意见，保障消费安全。

   A. 生产者、销售者和加工者　　B. 生产者、加工者和消费者

   C. 加工者、销售者和消费者　　D. 生产者、销售者和消费者

3. 对可能影响农产品质量安全的农药、兽药、饲料和饲料添加剂、肥料、

兽医器械，依照有关法律、行政法规的规定实行(　　)制度。

A. 备案　　B. 许可

C. 登记　　D. 审批

4. 农产品生产者、销售者对监督抽查检测结果有异议的，可以自收到检测结果之日起(　　)日内，向组织实施农产品质量安全监督抽查的农业行政主管部门或者其上级农业行政主管部门申请复检。

A. 5　　B. 7

C. 10　　D. 15

5. 农产品生产企业、农民专业合作经济组织未建立或者未按照规定保存农产品生产记录的，或者伪造农产品生产记录的，责令限期改正；逾期不改正的，可以处(　　)元以下罚款。

A. 500　　B. 1000

C. 2000　　D. 5000

（三）多项选择题

1. 对可能影响农产品质量安全的(　　)，依照有关法律、行政法规的规定实行许可制度。

A. 农药兽药　　B. 饲料和饲料添加剂

C. 肥料　　D. 兽医器械

2. 农产品生产企业和农民专业合作经济组织应当建立农产品生产记录，必须实记载的事项有：(　　)

A. 使用农业投入品的名称、来源、用法、用量和使用、停用的日期

B. 动物疫病、植物病虫草害的发生和防治情况

C. 收获、屠宰或者捕捞的日期

D. 生产成本及预期收益

3. 农产品生产企业、农民专业合作经济组织以及从事农产品收购的单位或者个人销售的农产品，按照规定应当包装或者附加标识的，须经包装或者附加标识后方可销售。包装物或者标识上应当按照规定标明(　　)

A. 产品的品名　　B. 产地

C. 生产者　　D. 生产日期

4. 农产品在(　　)中所使用的保鲜剂、防腐剂、添加剂等材料，应当符合国家有关强制性的技术规范。

A. 包装　　B. 保鲜

C. 贮存　　D. 运输

5. 下列农产品中，不得销售的有：(　　)

A. 含有国家禁止使用的农药、兽药或者其他化学物质的农产品

B. 农药、兽药等化学物质残留或者含有的重金属等有毒有害物质不符合农产品质量安全标准的农产品

C. 含有的致病性寄生虫、微生物或者生物毒素不符合农产品质量安全标准的农产品

D. 使用的保鲜剂、防腐剂、添加剂等材料符合国家有关强制性的技术规范的农产品

（四）填空题

1. 农产品，是指来源于农业的初级产品，即在农业活动中获得的____、____、____及其产品。

2. 禁止在有毒有害物质超过规定标准的区域____、____、____和建立农产品生产基地。

3. 违反法律、法规规定，向农产品产地排放或者倾倒____、____、____或者其他有毒有害物质的，依照有关环境保护法律、法规的规定处罚；造成损害的，依法承担赔偿责任。

参考答案

（一）判断题

1. √，解析：根据《农产品质量安全法》第2条规定。

2. √，解析：根据《农产品质量安全法》第17条规定。

3. √，解析：根据《农产品质量安全法》第18条规定。

4. ×，解析：根据《农产品质量安全法》第21条规定："国务院农业行政主管部门和省、自治区、直辖市人民政府农业行政主管部门应当定期对可能危及

农产品质量安全的农药、兽药、饲料和饲料添加剂、肥料等农业投入品进行监督抽查，并公布抽查结果。”

5. ×，解析：根据《农产品质量安全法》第 24 条规定：“农产品生产记录应当保存二年。禁止伪造农产品生产记录。”

6. √，解析：根据《农产品质量安全法》第 47 条规定。

（二）单项选择题

1. A，解析：根据《农产品质量安全法》第 11 条规定：“国家建立健全农产品质量安全标准体系。农产品质量安全标准是强制性的技术规范。农产品质量安全标准的制定和发布，依照有关法律、行政法规的规定执行。”

2. D，解析：根据《农产品质量安全法》第 12 条规定：“制定农产品质量安全标准应当充分考虑农产品质量安全风险评估结果，并听取农产品生产者、销售者和消费者的意见，保障消费安全。”

3. B，解析：根据《农产品质量安全法》第 21 条规定：“对可能影响农产品质量安全的农药、兽药、饲料和饲料添加剂、肥料、兽医器械，依照有关法律、行政法规的规定实行许可制度。”

4. A，解析：根据《农产品质量安全法》第 36 条规定：“农产品生产者、销售者对监督抽查检测结果有异议的，可以自收到检测结果之日起五日内，向组织实施农产品质量安全监督抽查的农业行政主管部门或者其上级农业行政主管部门申请复检。”

5. C，解析：根据《农产品质量安全法》第 47 条规定：“农产品生产企业、农民专业合作经济组织未建立或者未按照规定保存农产品生产记录的，或者伪造农产品生产记录的，责令限期改正；逾期不改正的，可以处二千元以下罚款。”

（三）多项选择题

1. ABCD，解析：根据《农产品质量安全法》第 21 条规定：“对可能影响农产品质量安全的农药、兽药、饲料和饲料添加剂、肥料、兽医器械，依照有关法律、行政法规的规定实行许可制度。国务院农业行政主管部门和省、自治区、直辖市人民政府农业行政主管部门应当定期对可能危及农产品质量安全的农药、兽药、饲料和饲料添加剂、肥料等农业投入品进行监督抽查，并公布抽查结果。”

2. ABC，解析：根据《农产品质量安全法》第 24 条规定：“农产品生产企业和农民专业合作经济组织应当建立农产品生产记录，如实记载下列事项：（一）使用农业投入品的名称、来源、用法、用量和使用、停用的日期；（二）动物疫病、植物病虫草害的发生和防治情况；（三）收获、屠宰或者捕捞的日期。农产品生产记录应当保存二年。禁止伪造农产品生产记录。国家鼓励其他农产品生产者建立农产品生产记录。”

3. ABCD，解析：根据《农产品质量安全法》第28条规定：“农产品生产企业、农民专业合作经济组织以及从事农产品收购的单位或者个人销售的农产品，按照规定应当包装或者附加标识的，须经包装或者附加标识后方可销售。包装物或者标识上应当按照规定标明产品的品名、产地、生产者、生产日期、保质期、产品质量等级等内容；使用添加剂的，还应当按照规定标明添加剂的名称。具体办法由国务院农业行政主管部门制定。”

4. ABCD，解析：根据《农产品质量安全法》第29条规定：“农产品在包装、保鲜、贮存、运输中所使用的保鲜剂、防腐剂、添加剂等材料，应当符合国家有关强制性的技术规范。”

5. ABC，解析：根据《农产品质量安全法》第33条规定：“有下列情形之一的农产品，不得销售：（一）含有国家禁止使用的农药、兽药或者其他化学物质的；（二）农药、兽药等化学物质残留或者含有的重金属等有毒有害物质不符合农产品质量安全标准的；（三）含有的致病性寄生虫、微生物或者生物毒素不符合农产品质量安全标准的；（四）使用的保鲜剂、防腐剂、添加剂等材料不符合国家有关强制性的技术规范的；（五）其他不符合农产品质量安全标准的。”

（四）填空题

1. 植物；动物；微生物。（《农产品质量安全法》第2条）
2. 生产；捕捞；采集食用农产品。（《农产品质量安全法》第17条）
3. 废水；废气；固体废物。（《农产品质量安全法》第45条）

十六、劳动合同法

（一）判断题

1. 在规章制度和重大事项决定实施过程中，工会或者职工认为不适当的，有权向用人单位提出，通过协商予以修改完善。（　　）
2. 县级以上人民政府劳动行政部门会同劳动者和企业方面代表，建立健全协调劳动关系三方机制，共同研究解决有关劳动关系的重大问题。（　　）
3. 用人单位招用劳动者，不得扣押劳动者的居民身份证和其他证件，但可以要求劳动者提供担保。（　　）
4. 劳动者在用人单位连续工作满 10 年的，劳动者提出或者同意续订、订立劳动合同的，除劳动者提出订立固定期限劳动合同外，用人单位应当订立无固定期限劳动合同。（　　）
5. 同一用人单位与同一劳动者可以约定两次试用期。（　　）
6. 在试用期中，用人单位不得解除劳动合同。（　　）
7. 劳动合同部分无效，不影响其他部分效力的，其他部分仍然有效。（　　）
8. 用人单位应当严格执行劳动定额标准，不得强迫或者变相强迫劳动者加班。（　　）
9. 劳动者在试用期内提前 7 日通知用人单位，可以解除劳动合同。（　　）
10. 用人单位违反法律、行政法规规定或者劳动合同约定的，工会有权要求用人单位纠正。用人单位应当研究工会的意见，并将处理结果书面或者口头通知工会。（　　）
11. 经济补偿按劳动者在本单位工作的年限，每满一年支付一个月工资的标准向劳动者支付。（　　）
12. 用人单位应当在解除或者终止劳动合同时出具解除或者终止劳动合同的

证明，并在15个工作日内为劳动者办理档案和社会保险关系转移手续。（　　）

13. 用工单位应当根据工作岗位的实际需要与劳务派遣单位确定派遣期限，不得将连续用工期限分割订立数个短期劳务派遣协议。（　　）

14. 非全日制用工，是指以小时计酬为主，劳动者在同一用人单位一般平均每日工作时间不超过5小时，每周工作时间累计不超过30小时的用工形式。（　　）

15. 非全日制用工双方当事人任何一方都可以随时通知对方终止用工。终止用工，用人单位不向劳动者支付经济补偿。（　　）

16. 用人单位招用与其他用人单位尚未解除或者终止劳动合同的劳动者，给其他用人单位造成损失的，应当承担连带赔偿责任。（　　）

（二）单项选择题

1. 完善劳动合同制度，明确劳动合同双方当事人的权利和义务，保护（　　）的合法权益，构建和发展和谐稳定的劳动关系。

A. 企业　　B. 用人单位

C. 劳动者　　D. 用人单位和劳动者

2. 订立劳动合同，应当遵守合法、（　　）、平等自愿、协商一致、诚实信用原则。

A. 公道　　B. 公认

C. 公开　　D. 公平

3. 用人单位在制定、修改或者决定有关劳动报酬、工作时间、休息休假、劳动安全卫生、保险福利、职工培训、劳动纪律以及劳动定额管理等直接涉及劳动者切身利益的规章制度或者重大事项时，应当经职工代表大会或者全体职工讨论，提出方案和意见，与（　　）或者职工代表平等协商确定。

A. 董事会　　B. 监事会

C. 工会　　D. 职工代表大会

4. 直接涉及劳动者切身利益的规章制度和重大事项决定实施过程中，工会或者职工认为不适当的，有权（　　）。

A. 不遵照执行

B. 宣布废止

C. 向用人单位提出，通过协商予以修改完善

D. 请求劳动行政部门给予用人单位处罚

5. 用人单位自(　　)起即与劳动者建立劳动关系。

A. 用工之日　　B. 签订合同之日

C. 上级批准设立之日　　D. 劳动者领取工资之日

6. 用人单位招用劳动者，(　　)扣押劳动者的居民身份证和其他证件，不得要求劳动者提供担保或者以其他名义向劳动者收取财物。

A. 可以　　B. 不应

C. 应当　　D. 不得

7. 已经建立劳动关系，未同时订立书面劳动合同的，应当自用工之日起(　　)内订立书面劳动合同。

A. 15 日　　B. 1 个月

C. 2 个月　　D. 3 个月

8. 固定期限劳动合同，是指用人单位与劳动者约定合同(　　)时间的劳动合同。

A. 解除　　B. 续订

C. 终止　　D. 中止

9. 无固定期限劳动合同，是指用人单位与劳动者约定无确定(　　)时间的劳动合同。

A. 解除　　B. 续订

C. 终止　　D. 中止

10. 以下属于劳动合同必备条款的是(　　)。

A. 劳动报酬　　B. 试用期

C. 保守商业秘密　　D. 福利待遇

11. 劳动合同期限 1 年以上不满 3 年的，试用期不得超过(　　)。

A. 1 个月　　B. 2 个月

C. 3 个月　　D. 6 个月

12. 劳动者在试用期的工资不得低于本单位相同岗位最低档工资或者劳动合

同约定工资的（　　），并不得低于用人单位所在地的最低工资标准。

A. 60%　　B. 70%

C. 80%　　D. 90%

13. 劳动者违反竞业限制约定的，应当按照约定向用人单位支付（　　）。

A. 违约金　　B. 赔偿金

C. 补偿金　　D. 损失费

14. 变更劳动合同应当采用（　　）形式。

A. 书面　　B. 口头

C. 书面或口头　　D. 书面和口头

15. 用人单位发生合并或者分立等情况，原劳动合同（　　）。

A. 继续有效　　B. 失去效力

C. 效力视情况而定　　D. 由用人单位决定是否有效

16. 用人单位拖欠或者未足额支付劳动报酬的，劳动者可以依法向当地人民法院申请（　　）。

A. 法律援助　　B. 支付令

C. 社会救济　　D. 依法制裁用人单位

17. 劳动合同终止后，用人单位应当在（　　）内为劳动者办理档案和社会保险关系转移手续。

A. 7 日　　B. 15 日

C. 1 个月　　D. 3 个月

18. 用人单位（　　），劳动者可以立即解除劳动合同，不需事先告知用人单位。

A. 未按照劳动合同约定提供劳动保护或者劳动条件的

B. 未及时足额支付劳动报酬的

C. 以暴力、威胁或者非法限制人身自由的手段强迫劳动者劳动的

D. 规章制度违反法律、法规的规定，损害劳动者权益的

19. 劳动者月工资高于用人单位所在直辖市、设区的市级人民政府公布的本地区上年度职工月平均工资 3 倍的，向其支付经济补偿的标准按职工月平均工资 3 倍的数额支付，向其支付经济补偿的年限最高不超过（　　）。

A. 2　　B. 6

C. 10　　D. 12

20. 用人单位自用工之日起超过 1 个月不满 1 年未与劳动者订立书面劳动合同的，应当向劳动者每月支付(　　)倍的工资。

A. 1　　B. 2

C. 3　　D. 4

21. 集体合同由(　　)代表企业职工一方与用人单位订立。

A. 工会　　B. 职工代表大会

C. 监事会　　D. 股东代表大会

22. 劳务派遣单位与被派遣劳动者订立的劳动合同，除应当载明《劳动合同法》第 17 条规定的事项外，还应当载明被派遣劳动者的用工单位以及派遣期限、(　　)等情况。

A. 试用期　　B. 培训

C. 保守秘密　　D. 工作岗位

23. 被派遣劳动者在无工作期间，劳务派遣单位应当按照所在地人民政府规定的(　　)，向其按月支付报酬。

A. 最低工资标准　　B. 最低生活保障标准

C. 行业工资指导线　　D. 失业保险金领取标准

24. 用人单位直接涉及劳动者切身利益的规章制度违反法律、法规规定的，由劳动行政部门(　　)；给劳动者造成损害的，依法承担赔偿责任。

A. 责令改正并给予警告

B. 责令改正

C. 责令改正，情节严重的给予警告

D. 给予警告

(三) 多项选择题

1. 下列关于无固定期限劳动合同的说法正确的是：(　　)

A. 用人单位与劳动者约定无确定终止时间的劳动合同

B. 用人单位与劳动者约定合同终止时间的劳动合同

C. 用人单位自用工之日起满 1 年不与劳动者订立书面劳动合同的，视为

用人单位与劳动者已订立无固定期限劳动合同

D. 用人单位与劳动者协商一致，可以订立无固定期限劳动合同

2. (　　)属于劳动合同应当具备的条款。

A. 劳动者的姓名、住址和居民身份证或者其他有效身份证件号码

B. 工作时间和休息休假

C. 社会保险

D. 劳动保护、劳动条件和职业危害防护

3. 下列关于试用期的说法错误的是：(　　)

A. 劳动合同期限 1 年以上不满 3 年的，试用期不得超过 2 个月

B. 3 年以上固定期限和无固定期限的劳动合同，试用期不得超过 1 年

C. 劳动者在试用期的工资可以低于用人单位所在地的最低工资标准

D. 用人单位在试用期解除劳动合同的，应当向劳动者说明理由

4. 竞业限制的人员限于用人单位的(　　)和其他负有保密义务的人员。

A. 高级技术人员　　B. 中级技术人员

C. 高级管理人员　　D. 中层管理人员

5. 劳动合同无效的情形有：(　　)

A. 以欺诈、胁迫的手段，使对方在违背真实意思的情况下订立劳动合同的

B. 乘人之危，使对方在违背真实意思的情况下变更劳动合同的

C. 用人单位免除自己的法定责任、排除劳动者权利的

D. 违反法律、行政法规强制性规定的

6. 用人单位(　　)，劳动者可以解除劳动合同。

A. 未按照劳动合同约定提供劳动保护或者劳动条件的

B. 未依法为劳动者缴纳社会保险费的

C. 未及时足额支付劳动报酬的

D. 用人单位的规章制度违反法律、法规的规定，损害劳动者权益的

7. 劳动者(　　)，用人单位可以解除劳动合同。

A. 在试用期间被证明不符合录用条件的

B. 违反用人单位的规章制度的

C. 失职，营私舞弊，给用人单位造成损害的

D. 被依法追究刑事责任的

8. 用人单位提前30日以书面形式通知劳动者本人或者额外支付劳动者1个月工资后，可以解除劳动合同的情形有：(　　)

A. 劳动者患病，在规定的医疗期满后不能从事原工作，也不能从事由用人单位另行安排的工作的

B. 劳动者非因工负伤，在规定的医疗期满后不能从事原工作，也不能从事由用人单位另行安排的工作的

C. 劳动者不能胜任工作，经过培训或者调整工作岗位，仍不能胜任工作的

D. 劳动合同订立时所依据的客观情况发生重大变化，致使劳动合同无法履行，经用人单位与劳动者协商，未能就变更劳动合同内容达成协议的

9. 用人单位裁减人员时，应当优先留用(　　)。

A. 与本单位订立较长期限的固定期限劳动合同的

B. 与本单位订立无固定期限劳动合同的

C. 家庭无其他就业人员，有需要扶养的老人的

D. 家庭无其他就业人员，有需要扶养的未成年人的

10. 劳动合同终止的情形有：(　　)

A. 劳动合同期满的

B. 劳动者开始依法享受基本养老保险待遇的

C. 用人单位被依法宣告破产的

D. 用人单位被吊销营业执照的

11. 用人单位(　　)，依法给予行政处罚；构成犯罪的，依法追究刑事责任；给劳动者造成损害的，应当承担赔偿责任。

A. 以暴力、威胁或者非法限制人身自由的手段强迫劳动的

B. 违章指挥或者强令冒险作业危及劳动者人身安全的

C. 侮辱、体罚、殴打、非法搜查或者拘禁劳动者的

D. 劳动条件恶劣、环境污染严重，给劳动者身心健康造成严重损害的

(四) 填空题

1. 依法订立的劳动合同具有____，用人单位与劳动者应当履行劳动合同约

定的义务。

2. 工会应当____、____劳动者与用人单位依法订立和履行劳动合同，并与用人单位建立集体协商机制，维护劳动者的合法权益。
3. 劳动合同分为____、____和以完成一定工作任务为期限的劳动合同。
4. 用人单位自用工之日起满____不与劳动者订立书面劳动合同的，视为用人单位与劳动者已订立____劳动合同。
5. 劳动合同由用人单位与劳动者协商一致，并经用人单位与劳动者在劳动合同文本上____或者____生效。
6. 以完成一定工作任务为期限的劳动合同或者劳动合同期限____的，不得约定试用期。
7. 对负有保密义务的劳动者，用人单位可以在劳动合同或者保密协议中与劳动者约定竞业限制条款，并约定在____劳动合同后，在竞业限制期限内按月给予劳动者____。
8. 劳动合同部分无效，____其他部分效力的，其他部分仍然有效。
9. 用人单位安排加班的，应当按照国家有关规定向劳动者支付____。
10. 劳动者____用人单位管理人员违章指挥、强令冒险作业的，不视为违反劳动合同。
11. 劳动者提前 30 日以____形式通知用人单位，可以解除劳动合同。
12. 用人单位应当在解除劳动合同时出具解除劳动合同的证明，并在____日内为劳动者办理____转移手续。
13. 在县级以下区域内，____、采矿业、____等行业可以由工会与企业方面代表订立行业性集体合同，或者订立区域性集体合同。
14. 非全日制用工，是指以小时计酬为主，劳动者在同一用人单位一般平均每日工作时间不超过____，每周工作时间累计不超过____的用工形式。
15. 非全日制用工双方当事人任何一方都可以____对方终止用工。终止用工，用人单位不向劳动者支付____。

（五）简答题

1. 简述固定期限劳动合同、无固定期限劳动合同的概念。
2. 简述劳动合同应当具备的条款。

3. 简述劳动者可以解除劳动合同的情形。
4. 简述用工单位可以裁减人员的情形。

参考答案

（一）判断题

1. √，解析：根据《劳动合同法》第 4 条规定。
2. ×，解析：根据《劳动合同法》第 5 条规定，县级以上人民政府劳动行政部门会同工会和企业方面代表，建立健全协调劳动关系三方机制，共同研究解决有关劳动关系的重大问题。
3. ×，解析：根据《劳动合同法》第 9 条规定，用人单位招用劳动者，不得扣押劳动者的居民身份证和其他证件，不得要求劳动者提供担保或者以其他名义向劳动者收取财物。
4. √，解析：根据《劳动合同法》第 14 条规定。
5. ×，解析：根据《劳动合同法》第 19 条第 2 款规定，同一用人单位与同一劳动者只能约定一次试用期。
6. ×，解析：根据《劳动合同法》第 21 条规定，在试用期中，除劳动者有本法第 39 条和第 40 条第 1 项、第 2 项规定的情形外，用人单位不得解除劳动合同。用人单位在试用期解除劳动合同的，应当向劳动者说明理由。
7. √，解析：根据《劳动合同法》第 27 条规定。
8. √，解析：根据《劳动合同法》第 31 条规定。
9. ×，解析：根据《劳动合同法》第 37 条规定，劳动者提前 30 日以书面形式通知用人单位，可以解除劳动合同。劳动者在试用期内提前 3 日通知用人单位，可以解除劳动合同。
10. ×，解析：根据《劳动合同法》第 43 条规定，用人单位违反法律、行政法规规定或者劳动合同约定的，工会有权要求用人单位纠正。用人单位应当研究工会的意见，并将处理结果书面通知工会。
11. √，解析：根据《劳动合同法》第 47 条规定。
12. ×，解析：根据《劳动合同法》第 50 条第 1 款规定，用人单位应当在解除或者终止劳动合同时出具解除或者终止劳动合同的证明，并在 15 日内为劳动者办理档案和社会保险关系转移手续。
13. √，解析：根据《劳动合同法》第 59 条规定。

14. ×，解析：根据《劳动合同法》第68条规定，非全日制用工，是指以小时计酬为主，劳动者在同一用人单位一般平均每日工作时间不超过4小时，每周工作时间累计不超过24小时的用工形式。

15. √，解析：根据《劳动合同法》第71条规定。

16. √，解析：根据《劳动合同法》第91条规定。

（二）单项选择题

1. C，解析：根据《劳动合同法》第1条规定，为了完善劳动合同制度，明确劳动合同双方当事人的权利和义务，保护劳动者的合法权益，构建和发展和谐稳定的劳动关系，制定本法。

2. D，解析：根据《劳动合同法》第3条规定，订立劳动合同，应当遵循合法、公平、平等自愿、协商一致、诚实信用的原则。

3. C，解析：根据《劳动合同法》第4条第2款规定，用人单位在制定、修改或者决定有关劳动报酬、工作时间、休息休假、劳动安全卫生、保险福利、职工培训、劳动纪律以及劳动定额管理等直接涉及劳动者切身利益的规章制度或者重大事项时，应当经职工代表大会或者全体职工讨论，提出方案和意见，与工会或者职工代表平等协商确定。

4. C，解析：根据《劳动合同法》第4条第3款规定，用人单位应当将直接涉及劳动者切身利益的规章制度和重大事项决定公示，或者告知劳动者。

5. A，解析：根据《劳动合同法》第7条规定，用人单位自用工之日起即与劳动者建立劳动关系。用人单位应当建立职工名册备查。

6. D，解析：根据《劳动合同法》第9条规定，用人单位招用劳动者，不得扣押劳动者的居民身份证和其他证件，不得要求劳动者提供担保或者以其他名义向劳动者收取财物。

7. B，解析：根据《劳动合同法》第10条第2款规定，已建立劳动关系，未同时订立书面劳动合同的，应当自用工之日起一个月内订立书面劳动合同。

8. C，解析：根据《劳动合同法》第13条第1款规定，固定期限劳动合同，是指用人单位与劳动者约定合同终止时间的劳动合同。

9. C，解析：根据《劳动合同法》第14条第1款规定，无固定期限劳动合同，是指用人单位与劳动者约定无确定终止时间的劳动合同。

10. A，解析：根据《劳动合同法》第17条第1款规定，劳动合同应当具备以下条款：（1）用人单位的名称、住所和法定代表人或者主要负责人；（2）劳动者的姓名、住址和居民身份证或者其他有效身份证件号码；（3）劳动合同期限；(4)工作内容和工作地点；（5）工作时间和休息休假；（6）劳动报酬；（7）社会保险；（8）劳动保护、劳动条件和职业危害防护；（9）法律、法规规定应当纳入劳动合同的其他事项。

11. B，解析：根据《劳动合同法》第19条第1款规定，劳动合同期限3个月以上不满1年的，试用期不得超过1个月；劳动合同期限1年以上不满3年的，试用期不得超过2个月；3年以上固定期限和无固定期限的劳动合同，试用期不得超过6个月。

12. C，解析：根据《劳动合同法》第20条规定，劳动者在试用期的工资不得低于本单位相同岗位最低档工资或者劳动合同约定工资的80%，并不得低于用人单位所在地的最低工资标准。

13. A，解析：根据《劳动合同法》第23条第2款规定，对负有保密义务的劳动者，用人单位可以在劳动合同或者保密协议中与劳动者约定竞业限制条款，并约定在解除或者终止劳动合同后，在竞业限制期限内按月给予劳动者经济补偿。劳动者违反竞业限制约定的，应当按照约定向用人单位支付违约金。

14. A，解析：根据《劳动合同法》第35条第1款规定，用人单位与劳动者协商一致，可以变更劳动合同约定的内容。变更劳动合同，应当采用书面形式。

15. A，解析：根据《劳动合同法》第34条规定，用人单位发生合并或者分立等情况，原劳动合同继续有效，劳动合同由承继其权利和义务的用人单位继续履行。

16. B，解析：根据《劳动合同法》第30条第2款规定，用人单位拖欠或者未足额支付劳动报酬的，劳动者可以依法向当地人民法院申请支付令，人民法院应当依法发出支付令。

17. B，解析：根据《劳动合同法》第50条第1款规定，用人单位应当在解除或者终止劳动合同时出具解除或者终止劳动合同的证明，并在十五日内为劳动者办理档案和社会保险关系转移手续。

18. C，解析：根据《劳动合同法》第38条第2款规定，用人单位以暴力、威胁或者非法限制人身自由的手段强迫劳动者劳动的，或者用人单位违章指挥、强令冒险作业危及劳动者人身安全的，劳动者可以立即解除劳动合同，不需事先告知用人单位。

19. D，解析：根据《劳动合同法》第47条第2款规定，劳动者月工资高于用人单位所在直辖市、设区的市级人民政府公布的本地区上年度职工月平均工资3倍的，向其支付经济补偿的标准按职工月平均工资3倍的数额支付，向其支付经济补偿的年限最高不超过12年。

20. B，解析：根据《劳动合同法》第82条规定，用人单位自用工之日起超过1个月不满1年未与劳动者订立书面劳动合同的，应当向劳动者每月支付2倍的工资。

21. A，解析：根据《劳动合同法》第51条第2款规定，集体合同由工会代表企业职工一方与用人单位订立；尚未建立工会的用人单位，由上级工会指导劳动者推举的代表与用人单位订立。

22. D，解析：根据《劳动合同法》第58条第1款规定，劳务派遣单位是本法所称用人单位，应当履行用人单位对劳动者的义务。劳务派遣单位与被派遣劳动者订立的劳动合同，除应当载明本法第17条规定的事项外，还应当载明被派遣劳动者的用工单位以及派遣期限、工作岗位等情况。

23. A，解析：根据《劳动合同法》第58条第2款规定，劳务派遣单位应当与被派遣劳动者订立2年以上的固定期限劳动合同，按月支付劳动报酬；被派遣劳动者在无工作期间，劳务派遣单位应当按照所在地人民政府规定的最低工资标准，向其按月支付报酬。

24. A，解析：根据《劳动合同法》第80条规定，用人单位直接涉及劳动者切身利益的规章制度违反法律、法规规定的，由劳动行政部门责令改正，给予警告；给劳动者造成损害的，应当承担赔偿责任。

（三）多项选择题

1. ACD，解析：根据《劳动合同法》第14条规定，无固定期限劳动合同，是指用人单位与劳动者约定无确定终止时间的劳动合同。用人单位与劳动者协商一致，可以订立无固定期限劳动合同。有下列情形之一，劳动者提出或者同意续订、订立劳动合同的，除劳动者提出订立固定期限劳动合同外，应当订立无固定期限劳动合同：（1）劳动者在该用人单位连续工作满10年的；（2）用人单位初次实行劳动合同制度或者国有企业改制重新订立劳动合同时，劳动者在该用人单位连续工作满10年且距法定退休年龄不足10年的；（3）连续订立二次固定期限劳动合同，且劳动者没有本法第39条和第40条第1项、第2项规定的情形，续订劳动合同的。用人单位自用工之日起满1年不与劳动者订立书面劳动合同的，视为用人单位与劳动者已订立无固定期限劳动合同。

2. ABCD，解析：根据《劳动合同法》第17条规定，劳动合同应当具备以下条款：（1）用人单位的名称、住所和法定代表人或者主要负责人；（2）劳动者的姓名、住址和居民身份证或者其他有效身份证件号码；（3）劳动合同期限；（4）工作内容和工作地点；（5）工作时间和休息休假；（6）劳动报酬；（7）社会保险；（8）劳动保护、劳动条件和职业危害防护；（9）法律、法规规定应当纳入劳动合同的其他事项。

3. BC，解析：根据《劳动合同法》第19条第1款规定，劳动合同期限3个月以上不满1年的，试用期不得超过1个月；劳动合同期限1年以上不满3年的，试用期不得超过2个月；3年以上固定期限和无固定期限的劳动合同，试用期不得超过6个月。第20条规定，劳动者在试用期的工资不得低于本单位相同岗位最低档工资或者劳动合同约定工资的80%，并不得低于用人单位所在地的最低工资标准。第21条规定，在试用期中，除劳动者有本法第39条和第40条第1项、第2项规定的情形外，用人单位不得解除劳动合同。用人单位在试用期解除劳动合同的，应当向劳动者说明理由。

4. AC，解析：根据《劳动合同法》第24条第1款规定，竞业限制的人员限于用人单位的高级管理人员、高级技术人员和其他负有保密义务的人员。竞业限制的范围、地域、期限由用人单位与劳动者约定，竞业限制的约定不得违反法律、法规的规定。

5. ABCD，解析：根据《劳动合同法》第26条第1款规定，下列劳动合同无效或者部分无效：（1）以欺诈、胁迫的手段或者乘人之危，使对方在违背真实意思的情况下订立或者变更劳动合同的；（2）用人单位免除自己的法定责任、排除劳动者权利的；（3）违反法律、行政法规强制性规定的。

6. ABCD，解析：根据《劳动合同法》第38条规定，用人单位有下列情形之一的，劳动者可以解除劳动合同：（1）未按照劳动合同约定提供劳动保护或者劳动条件的；（2）未及时足额支付劳动报酬的；（3）未依法为劳动者缴纳社会保险费的；（4）用人单位的规章制度违反法律、法规的规定，损害劳动者权益的；（5）因本法第二十六条第一款规定的情形致使劳动合同无效的；（6）法律、行政法规规定劳动者可以解除劳动合同的其他情形。

7. AD，解析：根据《劳动合同法》第39条规定，劳动者有下列情形之一的，用人单位可以解除劳动合同：（1）在试用期间被证明不符合录用条件的；（2）严重违反用人单位的规章制度的；（3）严重失职，营私舞弊，给用人单位造成重大损害的；（4）劳动者同时与其他用人单位建立劳动关系，对完成本单位的工作任务造成严重影响，或者经用人单位提出，拒不改正的；（5）因本法第二十六条第一款第一项规定的情形致使劳动合同无效的；（6）被依法追究刑事责任的。

8. ABCD，解析：根据《劳动合同法》第40条规定，有下列情形之一的，用人单位提前30日以书面形式通知劳动者本人或者额外支付劳动者一个月工资后，可以解除劳动合同：（1）劳动者患病或者非因工负伤，在规定的医疗期满后不能从事原工作，也不能从事由用人单位另行安排的工作的；（2）劳动者不能胜任工作，经过培训或者调整工作岗位，仍不能胜任工作的；（3）劳动合同订立时所依据的客观情况发生重大变化，致使劳动合同无法履行，经用人单位与劳动者协商，未能就变更劳动合同内容达成协议的。

9. ABCD，解析：根据《劳动合同法》第41条第2款规定，裁减人员时，应当优先留用下列人员：（1）与本单位订立较长期限的固定期限劳动合同的；（2）与本单位订立无固定期限劳动合同的；（3）家庭无其他就业人员，有需要扶养的老人或者未成年人的。

10. ABCD，解析：根据《劳动合同法》第44条规定，有下列情形之一的，劳动合同终止：（1）劳动合同期满的；（2）劳动者开始依法享受基本养老保险待遇的；（3）劳动者死亡，或者被人民法院宣告死亡或者宣告失踪的；（4）用人单位被依法宣告破产的；（5）用人单位被吊销营业执照、责令关闭、撤销或者用人单位决定提前解散的；（6）法律、行政法规规定的其他情形。

11. ABCD，解析：根据《劳动合同法》第88条规定，用人单位有下列情形之一的，依法给予行政处罚；构成犯罪的，依法追究刑事责任；给劳动者造成损害的，应当承担赔偿责任：（1）以暴力、威胁或者非法限制人身自由的手段强迫劳动的；（2）违章指挥或者强令冒险作业危及劳动者人身安全的；（3）侮辱、体罚、殴打、非法搜查或者拘禁劳动者的；（4）劳动条件恶劣、环境污染严重，给劳动者身心健康造成严重损害的。

（四）填空题

1. 约束力。（《劳动合同法》第3条）
2. 帮助；指导。（《劳动合同法》第6条）
3. 固定期限劳动合同；无固定期限劳动合同。（《劳动合同法》第12条）
4. 1年；无固定期限。（《劳动合同法》第14条）
5. 签字；盖章。（《劳动合同法》第16条）
6. 不满3个月。（《劳动合同法》第19条）
7. 解除或者终止；经济补偿。（《劳动合同法》第23条）

8. 不影响。(《劳动合同法》第 27 条)
9. 加班费。(《劳动合同法》第 31 条)
10. 拒绝。(《劳动合同法》第 32 条)
11. 书面。(《劳动合同法》第 37 条)
12. 15；档案和社会保险关系。(《劳动合同法》第 50 条)
13. 建筑业；餐饮服务业。(《劳动合同法》第 53 条)
14. 4 小时；24 小时。(《劳动合同法》第 68 条)
15. 随时通知；经济补偿。(《劳动合同法》第 71 条)

(五) 简答题

1. 答：根据《劳动合同法》第 13 条规定，固定期限劳动合同，是指用人单位与劳动者约定合同终止时间的劳动合同。第 14 条规定，无固定期限劳动合同，是指用人单位与劳动者约定无确定终止时间的劳动合同。
2. 答：根据《劳动合同法》第 17 条规定，劳动合同应当具备以下条款：(1) 用人单位的名称、住所和法定代表人或者主要负责人；(2) 劳动者的姓名、住址和居民身份证或者其他有效身份证件号码；(3) 劳动合同期限；(4) 工作内容和工作地点；(5) 工作时间和休息休假；(6) 劳动报酬；(7) 社会保险；(8) 劳动保护、劳动条件和职业危害防护；(9) 法律、法规规定应当纳入劳动合同的其他事项。
3. 答：根据《劳动合同法》第 36 条规定，用人单位与劳动者协商一致，可以解除劳动合同。第 38 条规定，用人单位有下列情形之一的，劳动者可以解除劳动合同：(1) 未按照劳动合同约定提供劳动保护或者劳动条件的；(2) 未及时足额支付劳动报酬的；(3) 未依法为劳动者缴纳社会保险费的；(4) 用人单位的规章制度违反法律、法规的规定，损害劳动者权益的；(5) 因本法第 26 条第 1 款规定的情形致使劳动合同无效的；(6) 法律、行政法规规定劳动者可以解除劳动合同的其他情形。
4. 答：根据《劳动合同法》第 41 条规定，有下列情形之一，需要裁减人员 20 人以上或者裁减不足 20 人但占企业职工总数 10% 以上的，用人单位提前 30 日向工会或者全体职工说明情况，听取工会或者职工的意见后，裁减人员方案经向劳动行政部门报告，可以裁减人员：(1) 依照企业破产法规定进行重整的；(2) 生产经营发生严重困难的；(3) 企业转产、重大技术革新或者经营方式调整，经变更劳动合同后，仍需裁减人员的；(4) 其他因劳动合同订立时所依据的客观经济情况发生重大变化，致使劳动合同无法履行的。

十七、道路交通安全法

（一）判断题

1. 道路交通安全工作，应当遵循依法管理、方便群众的原则。（　　）
2. 县级以上地方各级人民政府应当适应道路交通发展的需要，依据道路交通安全法律、法规和国家有关政策，制定道路交通安全管理规划，并组织实施。（　　）
3. 国务院交通安全部门负责全国道路交通安全管理工作。（　　）
4. 各级交管部门应当经常进行道路交通安全教育，提高公民的道路交通安全意识。（　　）
5. 驾驶机动车上道路行驶，可以不悬挂机动车号牌，但要放置检验合格标志、保险标志，并随车携带机动车行驶证。（　　）
6. 公安机关交通管理部门、机动车安全技术检验机构可以要求机动车到指定的场所进行维修、保养。（　　）
7. 驾驶人应当按照驾驶证载明的准驾车型驾驶机动车；驾驶机动车时，应当随身携带机动车驾驶证。（　　）
8. 道路划设专用车道的，在特殊情况下，可以允许其他车辆进入专用车道内行驶。（　　）

（二）单项选择题

1. 行人、乘车人、非机动车驾驶人违反道路交通安全法律、法规关于道路通行规定的，处（　　）。

   A. 警告

   B. 50 元罚款

   C. 拘留

   D. 警告或者 5 元以上 50 元以下罚款

2. 机动车驾驶人违反道路交通安全法律、法规关于道路通行规定的，处（　　）。

A. 警告

B. 警告或者 20 元以上 200 元以下罚款

C. 拘留

D. 200 元罚款

3. 饮酒后驾驶机动车的，处（　　）。

A. 暂扣 6 个月机动车驾驶证，并处 1000 以上 2000 元以下罚款。

B. 暂扣 3 个月机动车驾驶证，并处 1000 元以上 2000 元以下罚款。

C. 暂扣 3 个月机动车驾驶证，并处 1000 元以上 3000 元以下罚款。

D. 暂扣 9 个月机动车驾驶证，并处 1000 元以上 2000 元以下罚款。

4. 醉酒驾驶机动车的，由公安机关交通管理部门约束至酒醒，吊销机动车驾驶证，依法追究刑事责任；（　　）年内不得重新取得机动车驾驶证。

A. 4　　B. 5

C. 6　　D. 7

5. 伪造、变造或者使用伪造、变造的机动车登记证书、号牌、行驶证、驾驶证的，由公安机关交通管理部门予以收缴，（　　）。

A. 扣留该机动车，处 20 日以下拘留，并处 2000 元以上 5000 元以下罚款

B. 扣留该机动车，处 20 日以下拘留，并处 3000 元以上 5000 元以下罚款

C. 扣留该机动车，处 15 日以下拘留，并处 2000 元以上 5000 元以下罚款

D. 扣留该机动车，处 10 日以下拘留，并处 2000 元以上 5000 元以下罚款

（三）多项选择题

1. 任何单位和个人不得有下列哪些行为？（　　）

A. 拼装机动车或者擅自改变机动车已登记的结构、构造或者特征。

B. 改变机动车型号、发动机号、车架号或者车辆识别代号。

C. 伪造、变造或者使用伪造、变造的机动车登记证书、号牌、行驶证、检验合格标志、保险标志。

D. 使用其他机动车的登记证书、号牌、行驶证、检验合格标志、保险标志。

2. 同车道行驶的机动车，后车应当与前车保持足以采取紧急制动措施的安全距离。下列哪些情形下不得超车？（　　）

   A. 前车正在左转弯、掉头、超车的。

   B. 与对面来车有会车可能的。

   C. 前车为执行紧急任务的警车、消防车、救护车、工程救险车的。

   D. 行经铁路道口、交叉路口、窄桥、弯道、陡坡、隧道、人行横道、市区交通流量大的路段等没有超车条件的。

3. 交通警察调查处理道路交通安全违法行为和交通事故，哪些情形下，应当回避？（　　）

   A. 是本案的当事人或者当事人的近亲属。

   B. 本人或者其近亲属与本案有利害关系。

   C. 与本案当事人有其他关系，可能影响案件的公正处理。

   D. 是本案的证人或者受害人。

4. 对道路交通安全违法行为的处罚种类包括：（　　）。

   A. 警告　　　　B. 罚款

   C. 暂扣或者吊销机动车驾驶证　　　　D. 拘留

（四）填空题

1. 机动车安全技术检验机构对机动车检验收取费用，应当严格执行____核定的收费标准。

2. 国家实行机动车强制报废制度，根据机动车的____和____，规定不同的报废标准。

3. 国家实行____，设立道路交通事故社会救助基金。具体办法由国务院规定。

4. 依法应当登记的非机动车，经公安机关____登记后，方可上道路行驶。

5. 机动车的驾驶培训实行社会化，由____对驾驶培训学校、驾驶培训班实行资格管理，其中专门的拖拉机驾驶培训学校、驾驶培训班由____实行资格管理。

6. 公安机关交通管理部门对机动车驾驶人违反道路交通安全法律、法规的行为，除依法给予行政处罚外，实行____制度。

参考答案

（一）判断题

1. √。解析，根据《道路交通安全法》第 3 条规定。
2. √。解析，根据《道路交通安全法》第 4 条规定。
3. ×。解析，根据《道路交通安全法》第 5 条，国务院公安部门负责全国道路交通安全管理工作。县级以上地方各级人民政府公安机关交通管理部门负责本行政区域内的道路交通安全管理工作。
4. ×。解析，根据《道路交通安全法》第 6 条，各级人民政府应当经常进行道路交通安全教育，提高公民的道路交通安全意识。
5. ×。解析，根据《道路交通安全法》第 11 条规定，驾驶机动车上道路行驶，应当悬挂机动车号牌，放置检验合格标志、保险标志，并随车携带机动车行驶证。
6. ×。解析，根据《道路交通安全法》第 13 条规定，公安机关交通管理部门、机动车安全技术检验机构不得要求机动车到指定的场所进行维修、保养。
7. √。解析，根据《道路交通安全法》第 19 条规定。
8. ×。解析，根据《道路交通安全法》第 37 条规定，道路划设专用车道的，在专用车道内，只准许规定的车辆通行，其他车辆不得进入专用车道内行驶。

（二）单项选择题

1. D。解析，根据《道路交通安全法》第 89 条规定，行人、乘车人、非机动车驾驶人违反《道路交通安全法》律、法规关于道路通行规定的，处警告或者 5 元以上 50 元以下罚款。
2. B。解析，根据《道路交通安全法》第 90 条规定，机动车驾驶人违反《道路交通安全法》律、法规关于道路通行规定的，处警告或者 20 元以上 200 元以下罚款。本法另有规定的，依照规定处罚。
3. A。解析，根据《道路交通安全法》第 91 条规定，饮酒后驾驶机动车的，处暂扣 6 个月机动车驾驶证，并处 1000 元以上 2000 元以下罚款。因饮酒后驾驶机动车被处罚，再次饮酒后驾驶机动车的，处十日以下拘留，并处 1000 元以上 2000 元以下罚款，吊销机动车驾驶证。
4. B。解析，根据《道路交通安全法》第 91 条规定，醉酒驾驶机动车的，由公安机关交通管理部门约束至酒醒，吊销机动车驾驶证，依法追究刑事责任；5 年内不得重新取得机动车驾驶证。

5. C。解析，根据《道路交通安全法》第96条规定，伪造、变造或者使用伪造、变造的机动车登记证书、号牌、行驶证、驾驶证的，由公安机关交通管理部门予以收缴，扣留该机动车，处15日以下拘留，并处2000元以上5000元以下罚款。

（三）多项选择题

1. ABCD。解析，根据《道路交通安全法》第16条规定，任何单位或者个人不得有下列行为：（1）拼装机动车或者擅自改变机动车已登记的结构、构造或者特征；（2）改变机动车型号、发动机号、车架号或者车辆识别代号；（3）伪造、变造或者使用伪造、变造的机动车登记证书、号牌、行驶证、检验合格标志、保险标志；（4）使用其他机动车的登记证书、号牌、行驶证、检验合格标志、保险标志。
2. ABCD。解析，根据《道路交通安全法》第43条规定，同车道行驶的机动车，后车应当与前车保持足以采取紧急制动措施的安全距离。有下列情形之一的，不得超车：（1）前车正在左转弯、掉头、超车的；（2）与对面来车有会车可能的；（3）前车为执行紧急任务的警车、消防车、救护车、工程救险车的；（4）行经铁路道口、交叉路口、窄桥、弯道、陡坡、隧道、人行横道、市区交通流量大的路段等没有超车条件的。
3. ABC。解析，根据《道路交通安全法》第83条规定，交通警察调查处理道路交通安全违法行为和交通事故，有下列情形之一的，应当回避：（1）是本案的当事人或者当事人的近亲属；（2）本人或者其近亲属与本案有利害关系；（3）与本案当事人有其他关系，可能影响案件的公正处理。
4. ABCD。解析，根据《道路交通安全法》第88条规定，对道路交通安全违法行为的处罚种类包括：警告、罚款、暂扣或者吊销机动车驾驶证、拘留。

（四）填空题

1. 国务院价格主管部门。（《道路交通安全法》第13条）
2. 安全技术状况、不同用途。（《道路交通安全法》第14条）
3. 机动车第三者责任强制保险制度。（《道路交通安全法》第17条）
4. 交通管理部门。（《道路交通安全法》第18条）
5. 交通主管部门；农业（农业机械）主管部门。（《道路交通安全法》第20条）
6. 累积记分制度。（《道路交通安全法》第24条）

十八、保障农民工工资支付条例

（一）判断题

1. 农民工有按时足额获得工资的权利。任何单位和个人不得拖欠农民工工资。农民工应当遵守劳动纪律和职业道德，执行劳动安全卫生规程，完成劳动任务。（　　）
2. 县级以上人民政府应当加强对拖欠农民工工资矛盾的排查和调处工作，防范和化解矛盾，及时调解纠纷。（　　）
3. 任何单位和个人对拖欠农民工工资的行为，有权向人力资源社会保障行政部门或者其他有关部门举报。（　　）
4. 用人单位应当按照与农民工口头约定的工资支付周期和具体支付日期足额支付工资。（　　）
5. 实行月、周、日、小时工资制的，按照月、周、日、小时为周期支付工资；实行计件工资制的，工资支付周期由双方依法约定。（　　）
6. 用人单位向农民工支付工资时，不必提供农民工本人的工资清单。（　　）
7. 用人单位允许未取得相应资质的单位以用人单位的名义对外经营，导致拖欠所招用农民工工资的，由用人单位清偿，并可以依法进行追偿。（　　）
8. 用人单位合并或者分立时，应当在实施合并或者分立前依法清偿拖欠的农民工工资；经与农民工书面协商一致的，可以由合并或者分立前的用人单位继续清偿。（　　）
9. 施工总承包单位应当按照有关规定开设农民工工资专用账户，专项用于支付该工程建设项目农民工工资。（　　）

（二）单项选择题

1. 保障农民工工资支付，应当坚持市场主体负责、政府依法监管、社会协同监督，按照(　　)的要求，依法根治拖欠农民工工资问题。

A. 源头治理、治理为主、防治结合、标本兼治

B. 源头治理、预防为主、防治结合、标本兼治

C. 源头治理、预防为主、防堵结合、标本兼治

D. 源头治理、预防为主、堵治结合、标本兼治

2. (　　)负责保障农民工工资支付工作的组织协调、管理指导和农民工工资支付情况的监督检查，查处有关拖欠农民工工资案件。

A. 农村和农业行政部门　　B. 民政行政部门

C. 人力资源社会保障行政部门　　D. 市场监管行政部门

3. 用人单位应当按照工资支付周期编制书面工资支付台账，并至少保存(　　)。

A. 1 年　　B. 2 年

C. 3 年　　D. 5 年

4. 用人单位拖欠农民工工资的，应当依法予以(　　)。

A. 赔偿　　B. 清偿

C. 补偿　　D. 抵偿

（三）多项选择题

1. 用人单位实行农民工劳动用工实名制管理，与招用的农民工(　　)规定工资支付标准、支付时间、支付方式等内容。

A. 书面约定　　B. 口头约定

C. 书面或口头约定　　D. 通过依法制定的规章制度

2. (　　)等用人单位拖欠农民工工资的，应当依法予以清偿；不清偿的，由出资人依法清偿。

A. 有限公司　　B. 合伙企业

C. 个人独资企业　　D. 个体经济组织

3. 用人单位(　　)的，应当在申请注销登记前依法清偿拖欠的农民工工资。

A. 被依法吊销营业执照　　B. 被责令关闭
C. 被撤销　　D. 依法解散

（四）填空题

1. 为了规范农民工____行为，保障农民工____获得工资，根据《中华人民共和国劳动法》及有关法律规定，制定《保障农民工工资支付条例》。
2. 公安机关负责及时受理、侦办涉嫌____刑事案件，依法处置因农民工工资____引发的社会治安案件。
3. 被拖欠工资的农民工有权____，或者申请____和提起____。
4. 农民工工资应当以____形式，通过银行转账或者____支付给农民工本人，不得以____或者有价证券等其他形式替代。
5. 用工单位使用个人、不具备____资格的单位或者未依法取得____的单位派遣的农民工，拖欠农民工工资的，由用工单位清偿，并可以依法进行____。

（五）简答题

1. 简述书面工资支付台账应当包括的内容。
2. 简述施工总承包单位在施工现场设立维权信息告示牌应明示的事项。

参考答案

（一）判断题

1. √，解析：根据《保障农民工工资支付条例》第 3 条规定。
2. ×，解析：根据《保障农民工工资支付条例》第 4 条第 2 款规定："乡镇人民政府、街道办事处应当加强对拖欠农民工工资矛盾的排查和调处工作，防范和化解矛盾，及时调解纠纷。"
3. √，解析：根据《保障农民工工资支付条例》第 10 条第 2 款规定。
4. ×，解析：根据《保障农民工工资支付条例》第 12 条规定："用人单位应当按照与农民工书面约定或者依法制定的规章制度规定的工资支付周期和具体支付日期足额支付工资。"
5. √，解析：根据《保障农民工工资支付条例》第 13 条规定。

6. ×，解析：根据《保障农民工工资支付条例》第 15 条第 3 款规定："用人单位向农民工支付工资时，应当提供农民工本人的工资清单。"
7. √，解析：根据《保障农民工工资支付条例》第 19 条规定。
8. ×，解析：根据《保障农民工工资支付条例》第 21 条规定："用人单位合并或者分立时，应当在实施合并或者分立前依法清偿拖欠的农民工工资；经与农民工书面协商一致的，可以由合并或者分立后承继其权利和义务的用人单位清偿。"
9. √，解析：根据《保障农民工工资支付条例》第 26 条规定。

（二）单项选择题

1. B，解析：根据《保障农民工工资支付条例》第 5 条规定："保障农民工工资支付，应当坚持市场主体负责、政府依法监管、社会协同监督，按照源头治理、预防为主、防治结合、标本兼治的要求，依法根治拖欠农民工工资问题。"
2. C，解析：根据《保障农民工工资支付条例》第 7 条第 1 款规定："人力资源社会保障行政部门负责保障农民工工资支付工作的组织协调、管理指导和农民工工资支付情况的监督检查，查处有关拖欠农民工工资案件。"
3. C，解析：根据《保障农民工工资支付条例》第 15 条第 1 款规定："用人单位应当按照工资支付周期编制书面工资支付台账，并至少保存 3 年。"
4. B，解析：根据《保障农民工工资支付条例》第 16 条规定："用人单位拖欠农民工工资的，应当依法予以清偿。"

（三）多项选择题

1. AD，解析：根据《保障农民工工资支付条例》第 6 条规定："用人单位实行农民工劳动用工实名制管理，与招用的农民工书面约定或者通过依法制定的规章制度规定工资支付标准、支付时间、支付方式等内容。"
2. BCD，解析：根据《保障农民工工资支付条例》第 20 条规定："合伙企业、个人独资企业、个体经济组织等用人单位拖欠农民工工资的，应当依法予以清偿；不清偿的，由出资人依法清偿。"
3. ABCD，解析：根据《保障农民工工资支付条例》第 22 条规定："用人单位被依法吊销营业执照或者登记证书、被责令关闭、被撤销或者依法解散的，应当在申请注销登记前依法清偿拖欠的农民工工资。"

（四）填空题

1. 工资支付；按时足额。（《保障农民工工资支付条例》第 1 条）

2. 拒不支付劳动报酬；拖欠。（《保障农民工工资支付条例》第 7 条第 5 款）
3. 依法投诉；劳动争议调解仲裁；诉讼。（《保障农民工工资支付条例》第 10 条第 1 款）
4. 货币；现金；实物。（《保障农民工工资支付条例》第 11 条）
5. 合法经营；劳务派遣许可证；追偿。（《保障农民工工资支付条例》第 18 条）

（五）简答题

1. 答：根据《保障农民工工资支付条例》第 15 条第 2 款规定："书面工资支付台账应当包括用人单位名称，支付周期，支付日期，支付对象姓名、身份证号码、联系方式，工作时间，应发工资项目及数额，代扣、代缴、扣除项目和数额，实发工资数额，银行代发工资凭证或者农民工签字等内容。"
2. 答：根据《保障农民工工资支付条例》第 34 条规定，施工总承包单位应当在施工现场醒目位置设立维权信息告示牌，明示下列事项：

（1）建设单位、施工总承包单位及所在项目部、分包单位、相关行业工程建设主管部门、劳资专管员等基本信息；

（2）当地最低工资标准、工资支付日期等基本信息；

（3）相关行业工程建设主管部门和劳动保障监察投诉举报电话、劳动争议调解仲裁申请渠道、法律援助申请渠道、公共法律服务热线等信息。

十九、农作物病虫害防治条例

（一）判断题

1. 为了防治农作物病虫害，保障国家粮食安全和农产品质量安全，保护生态环境，促进农业可持续发展，制定本条例。（　　）
2. 县级人民政府应当协助上级人民政府有关部门做好本行政区域农作物病虫害防治宣传、动员、组织等工作。（　　）
3. 新建、改建、扩建建设工程应当避开农作物病虫害监测设施设备；确实无法避开、需要拆除农作物病虫害监测设施设备的，应当由县级以上人民政府农业农村主管部门按照有关技术要求组织迁建，迁建费用由县级人民政府农业农村主管部门承担。（　　）
4. 农作物病虫害监测设施设备毁损的，乡政府应当及时组织修复或者重新建设。（　　）
5. 任何单位和个人不得瞒报、谎报农作物病虫害监测信息，不得授意他人编造虚假信息，不得阻挠他人如实报告。（　　）
6. 从事农作物病虫害研究、饲养、繁殖、运输、展览等活动的，应当采取措施防止其逃逸、扩散。（　　）
7. 发现农作物病虫害严重发生或者暴发的，应当及时报告所在地市级人民政府农业农村主管部门。（　　）
8. 农田鼠害严重发生时，县级以上地方人民政府应当组织采取统一灭鼠措施。（　　）
9. 国务院农业农村主管部门商应急管理部门后应当建立农作物病虫害防治应急响应和处置机制，制定应急预案。（　　）
10. 专业化病虫害防治服务组织的田间作业人员应当能够正确识别服务区域的农作物病虫害，正确掌握农药适用范围、施用方法、安全间隔期等专业知识以及田间作业安全防护知识，正确使用施药机械以及农作物病虫

害防治相关用品。专业化病虫害防治服务组织应当定期组织田间作业人员参加技术培训。(　　)

11. 专业化病虫害防治服务组织应当遵守国家有关农药安全、合理使用制度，建立服务档案，服务档案应当保存3年以上。(　　)

(二) 单项选择题

1. 农作物病虫害防治实行(　　)的方针，坚持政府主导、属地负责、分类管理、科技支撑、绿色防控。

A. 预防为主、重点防治　　B. 预防为主、综合防治

C. 防预为主、重点防治　　D. 防预为主、综合防治

2. 县级以上人民政府农业农村主管部门组织植物保护工作机构开展农作物病虫害防治有关(　　)工作。

A. 管理　　B. 预防

C. 防预　　D. 技术

3. 对在农作物病虫害防治工作中作出突出贡献的单位和个人，按照国家有关规定予以(　　)。

A. 奖励　　B. 鼓励

C. 表彰　　D. 表扬

4. 国家(　　)科研单位、有关院校、农民专业合作社、企业、行业协会等单位和个人研究、依法推广绿色防控技术。

A. 鼓励和支持　　B. 鼓励和倡导

C. 鼓励和引导　　D. 鼓励和帮助

5. 一类农作物病虫害严重发生时，(　　)农业农村主管部门应当对控制工作进行综合协调、指导。

A. 国务院　　B. 省级

C. 市级　　D. 县级

6. 国有荒地上发生的农作物病虫害由(　　)以上地方人民政府组织控制。

A. 乡级　　B. 省级

C. 市级　　D. 县级

7. 农作物病虫害应急处置期间，县级以上地方人民政府可以根据需要依法

调集必需的物资、运输工具以及相关设施设备。应急处置结束后，应当及时归还并对毁损、灭失的给予(　　)。

A. 赔偿　　B. 补偿

C. 弥补　　D. 抵偿

8. 县级以上人民政府农业农村主管部门应当加强对专业化病虫害防治服务组织的(　　)，并为专业化病虫害防治服务组织提供技术培训、指导、服务。

A. 支持和管理　　B. 扶持和管理

C. 监督和管理　　D. 规范和管理

9. 国家鼓励专业化病虫害防治服务组织为田间作业人员投保(　　)。

A. 养老保险　　B. 工伤保险

C. 人身意外伤害保险　　D. 医疗保险

10. 违反本条例规定，侵占、损毁、拆除、擅自移动农作物病虫害监测设施设备或者以其他方式妨害农作物病虫害监测设施设备正常运行的，由县级以上人民政府农业农村主管部门责令停止违法行为，限期恢复原状或者采取其他补救措施，可以处(　　)以下罚款；造成损失的，依法承担赔偿责任；构成犯罪的，依法追究刑事责任。

A. 1 万元　　B. 3 万元

C. 5 万元　　D. 10 万元

(三) 多项选择题

1. 本条例所称农作物病虫害防治，是指对危害农作物及其产品的(　　)等有害生物的监测与预报、预防与控制、应急处置等防治活动及其监督管理。

A. 病　　B. 虫

C. 草　　D. 鼠

2. 国家鼓励和支持开展农作物病虫害防治科技创新、成果转化和依法推广应用，普及应用信息技术、生物技术，推进农作物病虫害防治的(　　)。

A. 智能化　　B. 专业化

C. 绿色化　　D. 科学化

3. 国家鼓励和支持使用(　　)等绿色防控技术和先进施药机械以及安全、高效、经济的农药。

A. 生态治理　　B. 健康栽培

C. 化学防治　　D. 生物防治

4. 农作物病虫害预报包括农作物病虫害发生以及可能发生的(　　)以及预防控制措施等内容。

A. 种类　　B. 时间

C. 范围　　D. 程度

5. 县级以上人民政府农业农村主管部门应当指导农业生产经营者选用抗病、抗虫品种，采用包衣、拌种、消毒等种子处理措施，采取(　　)等健康栽培管理措施，预防农作物病虫害。

A. 合理轮作　　B. 深耕除草

C. 覆盖除草　　D. 土壤消毒

6. 专业化病虫害防治服务组织应当具备(　　)。

A. 设施设备　　B. 技术人员

C. 田间作业人员　　D. 规范的管理制度

(四) 填空题

1. 县级以上人民政府应当加强对农作物病虫害防治工作的____领导，将防治工作经费纳入本级政府____。

2. 农村集体经济组织、____应当配合各级人民政府及有关部门做好农作物病虫害防治工作。

3. 任何单位和个人不得____、损毁、____、擅自移动农作物病虫害监测设施设备，或者以其他方式____农作物病虫害监测设施设备正常运行。

4. 县级以上人民政府农业农村主管部门应当在农作物病虫害孳生地、____组织开展作物改种、____、环境整治等生态治理工作，调整种植结构，防止农作物病虫害孳生和蔓延。

5. 农田除草时，应当防止除草剂危害____作物；农田灭鼠时，应当防止杀鼠剂危害____。

6. 县级以上地方人民政府及其有关部门应当根据本行政区域农作物病虫害

应急处置需要，组织制定应急预案，开展应急业务____和____，储备必要的应急____。

7. 违反本条例规定，擅自向社会发布农作物病虫害____或者____信息的，由县级以上人民政府农业农村主管部门处____元以上5万元以下罚款；情节严重的，处5万元以上10万元以下罚款；造成损失的，依法承担赔偿责任；构成犯罪的，依法追究刑事责任。

8. 专业化病虫害防治服务组织未按规定建立或者保存____的，由县级以上人民政府农业农村主管部门责令改正；拒不改正或者情节严重的，处____元以上2万元以下罚款；造成损失的，依法承担____。

（五）简答题

1. 简述农作物病虫害的分类。
2. 简述农作物病虫害监测包括的内容。
3. 简述农作物病虫害暴发时，县级以上地方人民政府应当立即采取的措施。

参考答案

（一）判断题

1. √，解析：根据《农作物病虫害防治条例》第1条规定。
2. ×，解析：根据《农作物病虫害防治条例》第6条第3款规定：“乡镇人民政府应当协助上级人民政府有关部门做好本行政区域农作物病虫害防治宣传、动员、组织等工作。”
3. ×，解析：根据《农作物病虫害防治条例》第13条第2款规定：“新建、改建、扩建建设工程应当避开农作物病虫害监测设施设备；确实无法避开、需要拆除农作物病虫害监测设施设备的，应当由县级以上人民政府农业农村主管部门按照有关技术要求组织迁建，迁建费用由建设单位承担。”
4. ×，解析：根据《农作物病虫害防治条例》第13条的3款规定：“农作物病虫害监测设施设备毁损的，县级以上人民政府农业农村主管部门应当及时组织修复或者重新建设。”
5. √，解析：根据《农作物病虫害防治条例》第15条规定。
6. √，解析：根据《农作物病虫害防治条例》第22条规定。

7. ×，解析：根据《农作物病虫害防治条例》第 23 条规定："农作物病虫害发生时，农业生产经营者等有关单位和个人应当及时采取防止农作物病虫害扩散的控制措施。发现农作物病虫害严重发生或者暴发的，应当及时报告所在地县级人民政府农业农村主管部门。"

8. √，解析：根据《农作物病虫害防治条例》第 26 条规定。

9. ×，解析：根据《农作物病虫害防治条例》第 29 条第 1 款规定："国务院农业农村主管部门应当建立农作物病虫害防治应急响应和处置机制，制定应急预案。"

10. √，解析：根据《农作物病虫害防治条例》第 35 条规定。

11. ×，解析：根据《农作物病虫害防治条例》第 36 条规定："专业化病虫害防治服务组织应当遵守国家有关农药安全、合理使用制度，建立服务档案，如实记录服务的时间、地点、内容以及使用农药的名称、用量、生产企业、农药包装废弃物处置方式等信息。服务档案应当保存 2 年以上。"

（二）单项选择题

1. B，解析：根据《农作物病虫害防治条例》第 3 条规定："农作物病虫害防治实行预防为主、综合防治的方针，坚持政府主导、属地负责、分类管理、科技支撑、绿色防控。"

2. D，解析：根据《农作物病虫害防治条例》第 7 条规定："县级以上人民政府农业农村主管部门组织植物保护工作机构开展农作物病虫害防治有关技术工作。"

3. C，解析：根据《农作物病虫害防治条例》第 11 条规定："对在农作物病虫害防治工作中作出突出贡献的单位和个人，按照国家有关规定予以表彰。"

4. A，解析：根据《农作物病虫害防治条例》第 19 条第 2 款规定："国家鼓励和支持科研单位、有关院校、农民专业合作社、企业、行业协会等单位和个人研究、依法推广绿色防控技术。"

5. A，解析：根据《农作物病虫害防治条例》第 25 条第 2 款规定："一类农作物病虫害严重发生时，国务院农业农村主管部门应当对控制工作进行综合协调、指导。二类、三类农作物病虫害严重发生时，省、自治区、直辖市人民政府农业农村主管部门应当对控制工作进行综合协调、指导。"

6. D，解析：根据《农作物病虫害防治条例》第 25 条第 3 款规定："国有荒地上发生的农作物病虫害由县级以上地方人民政府组织控制。”

7. B，解析：根据《农作物病虫害防治条例》第 32 条规定：“农作物病虫害应急处置期间，县级以上地方人民政府可以根据需要依法调集必需的物资、运输工具以及相关设施设备。应急处置结束后，应当及时归还并对毁损、灭失的给予补偿。”
8. D，解析：根据《农作物病虫害防治条例》第 33 条规定：“县级以上人民政府农业农村主管部门应当加强对专业化病虫害防治服务组织的规范和管理，并为专业化病虫害防治服务组织提供技术培训、指导、服务。”
9. C，解析：根据《农作物病虫害防治条例》第 37 条规定：“专业化病虫害防治服务组织应当按照国家有关规定为田间作业人员参加工伤保险缴纳工伤保险费。国家鼓励专业化病虫害防治服务组织为田间作业人员投保人身意外伤害保险。”
10. C，解析：根据《农作物病虫害防治条例》第 40 条规定：“违反本条例规定，侵占、损毁、拆除、擅自移动农作物病虫害监测设施设备或者以其他方式妨害农作物病虫害监测设施设备正常运行的，由县级以上人民政府农业农村主管部门责令停止违法行为，限期恢复原状或者采取其他补救措施，可以处 5 万元以下罚款；造成损失的，依法承担赔偿责任；构成犯罪的，依法追究刑事责任。”

（三）多项选择题

1. ABCD，解析：根据《农作物病虫害防治条例》第 2 条规定：“本条例所称农作物病虫害防治，是指对危害农作物及其产品的病、虫、草、鼠等有害生物的监测与预报、预防与控制、应急处置等防治活动及其监督管理。”
2. ABC，解析：根据《农作物病虫害防治条例》第 9 条规定：“国家鼓励和支持开展农作物病虫害防治科技创新、成果转化和依法推广应用，普及应用信息技术、生物技术，推进农作物病虫害防治的智能化、专业化、绿色化。”
3. ABD，解析：根据《农作物病虫害防治条例》第 10 条规定：“国家鼓励和支持使用生态治理、健康栽培、生物防治、物理防治等绿色防控技术和先进施药机械以及安全、高效、经济的农药。”
4. ABCD，解析：根据《农作物病虫害防治条例》第 16 条规定：“农作物病虫害预报包括农作物病虫害发生以及可能发生的种类、时间、范围、程度以及预防控制措施等内容。”

5. ABCD，解析：根据《农作物病虫害防治条例》第 21 条规定：“县级以上人民政府农业农村主管部门应当指导农业生产经营者选用抗病、抗虫品种，采用包衣、拌种、消毒等种子处理措施，采取合理轮作、深耕除草、覆盖除草、土壤消毒、清除农作物病残体等健康栽培管理措施，预防农作物病虫害。”
6. ABCD，解析：根据《农作物病虫害防治条例》第 34 条规定：“业化病虫害防治服务组织应当具备相应的设施设备、技术人员、田间作业人员以及规范的管理制度。”

（四）填空题

1. 组织；预算。(《农作物病虫害防治条例》第 5 条)
2. 村民委员会。(《农作物病虫害防治条例》第 8 条)
3. 侵占；拆除；妨害。(《农作物病虫害防治条例》第 13 条第 1 款)
4. 源头区；植被改造。(《农作物病虫害防治条例》第 20 条)
5. 当季和后茬；人畜安全。(《农作物病虫害防治条例》第 24 条)
6. 培训；演练；物资。(《农作物病虫害防治条例》第 29 条第 2 款)
7. 预报；灾情；5000。(《农作物病虫害防治条例》第 41 条)
8. 服务档案；2000；赔偿责任。(《农作物病虫害防治条例》第 42 条)

（五）简答题

1. 答：根据《农作物病虫害防治条例》第 4 条规定，根据农作物病虫害的特点及其对农业生产的危害程度，将农作物病虫害分为下列三类：

   （1）一类农作物病虫害，是指常年发生面积特别大或者可能给农业生产造成特别重大损失的农作物病虫害，其名录由国务院农业农村主管部门制定、公布；

   （2）二类农作物病虫害，是指常年发生面积大或者可能给农业生产造成重大损失的农作物病虫害，其名录由省、自治区、直辖市人民政府农业农村主管部门制定、公布，并报国务院农业农村主管部门备案；

   （3）三类农作物病虫害，是指一类农作物病虫害和二类农作物病虫害以外的其他农作物病虫害。

   新发现的农作物病虫害可能给农业生产造成重大或者特别重大损失的，在确定其分类前，按照一类农作物病虫害管理。

2. 答：根据《农作物病虫害防治条例》第 14 条规定，县级以上人民政府农业农村主管部门应当组织开展农作物病虫害监测。农作物病虫害监测包括下列内容：（1）农作物病虫害发生的种类、时间、范围、程度；（2）害虫主要天敌种类、分布与种群消长情况；（3）影响农作物病虫害发生的田间气候；（4）其他需要监测的内容。
3. 答：根据《农作物病虫害防治条例》第 30 条规定，农作物病虫害暴发时，县级以上地方人民政府应当立即启动应急响应，采取下列措施：（1）划定应急处置的范围和面积；（2）组织和调集应急处置队伍；（3）启用应急备用药剂、机械等物资；（4）组织应急处置行动。

二十、乡村医生从业管理条例

（一）判断题

1. 乡政府负责本行政区域内乡村医生的管理工作。(　　)
2. 具有学历教育资格的医学教育机构，应当按照国家有关规定开展适应农村需要的医学学历教育，定向为农村培养适用的卫生人员。(　　)
3. 《乡村医生从业管理条例》公布之日起进入村医疗卫生机构从事预防、保健和医疗服务的人员，必须具备执业医师资格。(　　)
4. 乡村医生可以不在聘用其执业的村医疗卫生机构执业。(　　)
5. 进行医学处置，出具相应的医学证明，是乡村医生在执业活动中享有的权利。(　　)
6. 对当地的预防、保健、医疗工作和卫生行政主管部门的工作提出意见和建议，是乡村医生在执业活动中享有的权利。(　　)
7. 乡村医生应当协助有关部门做好初级卫生保健服务工作；按照规定及时报告传染病疫情和中毒事件，如实填写并上报有关卫生统计报表，妥善保管有关资料。(　　)
8. 乡村医生不得出具与执业范围无关或者与执业范围不相符的医学证明，但可以进行实验性临床医疗活动。(　　)
9. 乡村医生在不得已的情况下可以超出乡村医生基本用药目录规定的范围用药。(　　)
10. 乡村医生应当按照培训规划的要求至少每1年接受一次培训，更新医学知识，提高业务水平。(　　)
11. 寻衅滋事、阻碍乡村医生依法执业，侮辱、诽谤、威胁、殴打乡村医生，构成违反治安管理行为的，由公安机关依法予以处罚；构成犯罪的，依法追究刑事责任。(　　)

（二）单项选择题

1. 国家(　　)取得执业医师资格或者执业助理医师资格的人员，开办村医疗卫生机构，或者在村医疗卫生机构向村民提供预防、保健和医疗服务。

A. 支持　　B. 倡导

C. 引导　　D. 鼓励

2. 国家实行乡村医生执业(　　)制度。

A. 注册　　B. 登记

C. 备案　　D. 许可

3. 乡村医生执业证书有效期为(　　)年。

A. 4　　B. 5

C. 6　　D. 7

4. 县级人民政府对乡村医生开展国家规定的预防、保健等公共卫生服务，应当按照有关规定予以(　　)。

A. 补偿　　B. 补助

C. 奖励　　D. 补贴

5. 省、自治区、直辖市人民政府组织制定乡村医生培训规划，保证乡村医生至少每(　　)接受一次培训。

A. 1 年　　B. 2 年

C. 3 年　　D. 5 年

6. 乡村医生经考核合格的，可以继续执业；经考核不合格的，在(　　)之内可以申请进行再次考核。

A. 3 个月　　B. 6 个月

C. 1 年　　D. 2 年

（三）多项选择题

1.《乡村医生从业管理条例》公布前的乡村医生，取得县级以上地方人民政府卫生行政主管部门颁发的乡村医生证书，并符合(　　)之一的，可以向县级人民政府卫生行政主管部门申请乡村医生执业注册，取得乡村医生执业证书后，继续在村医疗卫生机构执业。

A. 经取得中等以上医学专业学历

B. 经取得初级以上医学专业学历

C. 按照省、自治区、直辖市人民政府卫生行政主管部门制定的培训规划，接受培训取得合格证书

D. 在村医疗卫生机构连续工作20年以上的

2. 符合《乡村医生从业管理条例》规定申请在村医疗卫生机构执业的人员，应当持村医疗卫生机构出具的（　　），向村医疗卫生机构所在地的县级人民政府卫生行政主管部门申请执业注册。

A. 拟聘用证明　　B. 学历证明

C. 学历证书　　D. 户籍证明

3. 乡村医生（　　），不予注册。

A. 不具有完全民事行为能力的

B. 受刑事处罚，自刑罚执行完毕之日起至申请执业注册之日止不满 2 年的

C. 受行政处罚，自执行完毕之日起至申请执业注册之日止不满 2 年的

D. 受吊销乡村医生执业证书行政处罚，自处罚决定之日起至申请执业注册之日止不满 2 年的

4. 乡村医生有（　　）之一的，由原注册的卫生行政主管部门注销执业注册，收回乡村医生执业证书。

A. 死亡或者被宣告失踪的；

B. 受刑事处罚的；

C. 中止执业活动满 2 年的；

D. 考核不合格，逾期未提出再次考核申请或者经再次考核仍不合格的。

5. 乡村医生在执业活动中享有的权利有：（　　）

A. 参与医学经验交流，参加专业学术团体

B. 参加业务培训和教育

C. 在执业活动中，人格尊严、人身安全不受侵犯

D. 获取报酬

6. 乡村医生在执业活动中应当履行义务有：（　　）

A. 遵守法律、法规、规章和诊疗护理技术规范、常规

B. 树立敬业精神，遵守职业道德，履行乡村医生职责，为村民健康服务

C. 关心、爱护、尊重患者，保护患者的隐私

D. 努力钻研业务，更新知识，提高专业技术水平

7. 下列关于乡村医生培训工作的说法正确的是：(　　)

A. 国家鼓励社会组织和个人支持乡村医生培训工作

B. 县级政府根据培训规划制定本地区乡村医生培训计划

C. 对承担国家规定的预防、保健等公共卫生服务的乡村医生，其培训所需经费列入县级财政预算

D. 对边远贫困地区，县级以上地方人民政府应当给予适当经费支持

8. 对乡村医生的考核应当客观、公正，充分听取(　　)的意见。

A. 乡级政府

B. 乡村医生执业的村医疗卫生机构

C. 乡村医生本人

D. 所在村村民委员会

9. 乡村医生在执业活动中，违反本条例规定，有(　　)之一的，由县级人民政府卫生行政主管部门责令限期改正，给予警告；逾期不改正的，责令暂停3个月以上6个月以下执业活动；情节严重的，由原发证部门暂扣乡村医生执业证书：

A. 执业活动超出规定的执业范围，或者未按照规定进行转诊的；

B. 违反规定使用乡村医生基本用药目录以外的处方药品的；

C. 违反规定出具医学证明，或者伪造卫生统计资料的；

D. 发现传染病疫情、中毒事件不按规定报告的。

（四）填空题

1. 为了提高乡村医生的____和____，加强乡村医生从业管理，保护乡村医生的合法权益，保障村民获得____服务，根据《执业医师法》的规定，制定《乡村医生从业管理条例》。

2. 《乡村医生从业管理条例》适用于____执业医师资格或者执业助理医师资格，经注册在村____机构从事预防、保健和一般医疗服务的乡村医生。

3. ____取得乡村医生执业证书的，不得执业。

4. 乡村医生执业证书有效期满需要继续执业的，应当在有效期满前____申请再注册。
5. 乡村医生在执业活动中，不得____一次性医疗器械和卫生材料。
6. 乡村医生应当____向患者或者其家属介绍病情，对超出一般医疗服务范围或者限于医疗条件和技术水平不能诊治的病人，应当及时____。
7. 乡、镇人民政府以及____应当为乡村医生开展工作和学习提供条件，保证乡村医生接受培训和继续教育。
8. 乡村医生在执业活动中，违反规定进行____活动，或者重复使用____的，由县级人民政府卫生行政主管部门责令停止违法行为，给予警告，可以并处____以下的罚款；情节严重的，由原发证部门暂扣或者吊销乡村医生执业证书。

（五）简答题

1. 简述不予注册乡村医生的情形。
2. 简述乡村医生在执业活动中享有的权利。
3. 简述乡村医生在执业活动中应当履行义务。

参考答案

（一）判断题

1. ×，解析：根据《乡村医生从业管理条例》第 3 条规定，县级以上地方人民政府卫生行政主管部门负责本行政区域内乡村医生的管理工作。
2. √，解析：根据《乡村医生从业管理条例》第 6 条规定。
3. ×，解析：根据《乡村医生从业管理条例》第 12 条规定，本条例公布之日起进入村医疗卫生机构从事预防、保健和医疗服务的人员，应当具备执业医师资格或者执业助理医师资格。
4. ×，解析：根据《乡村医生从业管理条例》第 17 条规定，乡村医生应当在聘用其执业的村医疗卫生机构执业；变更执业的村医疗卫生机构的，应当依照本条例第 13 条规定的程序办理变更注册手续。
5. ×，解析：根据《乡村医生从业管理条例》第 23 条规定，乡村医生在执业活动中享有下列权利：（1）进行一般医学处置，出具相应的医学证明；（2）参与医学经验交流，参加专业学术团体；（3）参加业务培训和教育；（4）在执业活动中，人格尊严、人身安全不受侵犯；（5）获取报酬；（6）对当地的预防、保健、医疗工作和卫生行政主管部门的工作提出意见和建议。

6. √，解析：根据《乡村医生从业管理条例》第 23 条规定。
7. √，解析：根据《乡村医生从业管理条例》第 25 条规定。
8. ×，解析：根据《乡村医生从业管理条例》第 28 条规定，村医生不得出具与执业范围无关或者与执业范围不相符的医学证明，不得进行实验性临床医疗活动。
9. ×，解析：根据《乡村医生从业管理条例》第 29 条规定，省、自治区、直辖市人民政府卫生行政主管部门应当按照乡村医生一般医疗服务范围，制定乡村医生基本用药目录。乡村医生应当在乡村医生基本用药目录规定的范围内用药。
10. ×，解析：根据《乡村医生从业管理条例》第 33 条规定，乡村医生应当按照培训规划的要求至少每 2 年接受一次培训，更新医学知识，提高业务水平。
11. √，解析：根据《乡村医生从业管理条例》第 47 条规定。

（二）单项选择题

1. D，解析：根据《乡村医生从业管理条例》第 8 条规定，国家鼓励取得执业医师资格或者执业助理医师资格的人员，开办村医疗卫生机构，或者在村医疗卫生机构向村民提供预防、保健和医疗服务。
2. A，解析：根据《乡村医生从业管理条例》第 9 条规定，国家实行乡村医生执业注册制度。县级人民政府卫生行政主管部门负责乡村医生执业注册工作。
3. B，解析：根据《乡村医生从业管理条例》第 16 条规定，乡村医生执业证书有效期为 5 年。
4. B，解析：根据《乡村医生从业管理条例》第 30 条规定，县级人民政府对乡村医生开展国家规定的预防、保健等公共卫生服务，应当按照有关规定予以补助。
5. B，解析：根据《乡村医生从业管理条例》第 31 条规定，省、自治区、直辖市人民政府组织制定乡村医生培训规划，保证乡村医生至少每 2 年接受一次培训。县级人民政府根据培训规划制定本地区乡村医生培训计划。
6. B，解析：根据《乡村医生从业管理条例》第 36 条规定，乡村医生经考核合格的，可以继续执业；经考核不合格的，在 6 个月之内可以申请进行再次考核。逾期未提出再次考核申请或者经再次考核仍不合格的乡村医生，原注册部门应当注销其执业注册，并收回乡村医生执业证书。

（三）多项选择题

1. ACD，解析：根据《乡村医生从业管理条例》第 10 条规定，本条例公布前的乡村医生，取得县级以上地方人民政府卫生行政主管部门颁发的乡村医生证书，并符合下列条件之一的，可以向县级人民政府卫生行政主管部门申请乡村医生执业注册，取得乡村医生执业证书后，继续在村医疗卫生机构执业：（1）已经取得中等以上医学专业学历的；（2）在村医疗卫生机构连续工作 20 年以上的；（3）按照省、自治区、直辖市人民政府卫生行政主管部门制定的培训规划，接受培训取得合格证书的。
2. ABC，解析：根据《乡村医生从业管理条例》第 13 条规定，符合本条例规定申请在村医疗卫生机构执业的人员，应当持村医疗卫生机构出具的拟聘用证明和相关学历证明、证书，向村医疗卫生机构所在地的县级人民政府卫生行政主管部门申请执业注册。
3. ABD，解析：根据《乡村医生从业管理条例》第 14 条规定，乡村医生有下列情形之一的，不予注册：（1）不具有完全民事行为能力的；（2）受刑事处罚，自刑罚执行完毕之日起至申请执业注册之日止不满 2 年的；（3）受吊销乡村医生执业证书行政处罚，自处罚决定之日起至申请执业注册之日止不满 2 年的。
4. ABCD，解析：乡村医生有下列情形之一的，由原注册的卫生行政主管部门注销执业注册，收回乡村医生执业证书：（1）死亡或者被宣告失踪的；（2）受刑事处罚的；（3）中止执业活动满 2 年的；（4）考核不合格，逾期未提出再次考核申请或者经再次考核仍不合格的。
5. ABCD，解析：根据《乡村医生从业管理条例》第 23 条规定，乡村医生在执业活动中享有下列权利：（1）进行一般医学处置，出具相应的医学证明；（2）参与医学经验交流，参加专业学术团体；（3）参加业务培训和教育；（4）在执业活动中，人格尊严、人身安全不受侵犯；（5）获取报酬；（6）对当地的预防、保健、医疗工作和卫生行政主管部门的工作提出意见和建议。
6. ABCD，解析：根据《乡村医生从业管理条例》第 24 条规定，乡村医生在执业活动中应当履行下列义务：（1）遵守法律、法规、规章和诊疗护理技术规范、常规；（2）树立敬业精神，遵守职业道德，履行乡村医生职责，为村民健康服务；（3）关心、爱护、尊重患者，保护患者的隐私；（4）努力钻研业务，更新知识，提高专业技术水平；（5）向村民宣传卫生保健知识，对患者进行健康教育。

7. ABC，解析：根据《乡村医生从业管理条例》第31条规定，省、自治区、直辖市人民政府组织制定乡村医生培训规划，保证乡村医生至少每2年接受一次培训。县级人民政府根据培训规划制定本地区乡村医生培训计划。对承担国家规定的预防、保健等公共卫生服务的乡村医生，其培训所需经费列入县级财政预算。对边远贫困地区，设区的市级以上地方人民政府应当给予适当经费支持。国家鼓励社会组织和个人支持乡村医生培训工作。

8。BCD，解析：根据《乡村医生从业管理条例》第34条规定，县级人民政府卫生行政主管部门负责组织本地区乡村医生的考核工作；对乡村医生的考核，每2年组织一次。对乡村医生的考核应当客观、公正，充分听取乡村医生执业的村医疗卫生机构、乡村医生本人、所在村村民委员会和村民的意见。

9. ABCD，解析：根据《乡村医生从业管理条例》第38条规定，乡村医生在执业活动中，违反本条例规定，有下列行为之一的，由县级人民政府卫生行政主管部门责令限期改正，给予警告；逾期不改正的，责令暂停3个月以上6个月以下执业活动；情节严重的，由原发证部门暂扣乡村医生执业证书：（1）执业活动超出规定的执业范围，或者未按照规定进行转诊的；（2）违反规定使用乡村医生基本用药目录以外的处方药品的；（3）违反规定出具医学证明，或者伪造卫生统计资料的；（4）发现传染病疫情、中毒事件不按规定报告的。

（四）填空题

1. 职业道德；业务素质；初级卫生保健。（《乡村医生从业管理条例》第1条）
2. 尚未取得；医疗卫生。（《乡村医生从业管理条例》第2条）
3. 未经注册。（《乡村医生从业管理条例》第15条）
4. 3个月。（《乡村医生从业管理条例》第16条）
5. 重复使用。（《乡村医生从业管理条例》第26条）
6. 如实；转诊。（《乡村医生从业管理条例》第27条）
7. 村民委员会。（《乡村医生从业管理条例》第32条）
8. 实验性临床医疗；一次性医疗器械和卫生材料；1000元。（《乡村医生从业管理条例》第39条）

（五）简答题

1. 答：根据《乡村医生从业管理条例》第14条规定，乡村医生有下列情形之一的，不予注册：（1）不具有完全民事行为能力的；（2）受刑事处罚，自刑罚执行完毕之日起至申请执业注册之日止不满2年的；（3）受吊销乡村医生执业证书行政处罚，自处罚决定之日起至申请执业注册之日止不满2年的。
2. 答：根据《乡村医生从业管理条例》第23条规定，乡村医生在执业活动中享有下列权利：（1）进行一般医学处置，出具相应的医学证明；（2）参与医学经验交流，参加专业学术团体；（3）参加业务培训和教育；（4）在执业活动中，人格尊严、人身安全不受侵犯；（5）获取报酬；（6）对当地的预防、保健、医疗工作和卫生行政主管部门的工作提出意见和建议。
3. 答：根据《乡村医生从业管理条例》第24条规定，乡村医生在执业活动中应当履行下列义务：（1）遵守法律、法规、规章和诊疗护理技术规范、常规；（2）树立敬业精神，遵守职业道德，履行乡村医生职责，为村民健康服务；（3）关心、爱护、尊重患者，保护患者的隐私；（4）努力钻研业务，更新知识，提高专业技术水平；（5）向村民宣传卫生保健知识，对患者进行健康教育。

二十一、乡镇煤矿管理条例

(一) 判断题

1. 乡镇煤矿，是指在乡（镇）、村开办的集体煤矿企业、私营煤矿企业以及除国有煤矿企业和外商投资煤矿企业以外的其他煤矿企业。(　　)
2. 煤炭资源属于全民所有。地表或者地下的煤炭资源的全民所有权，不因其所依附的土地的所有权或者使用权的不同而改变。(　　)
3. 乡镇煤矿开采煤炭资源，应当遵循开发与保护并重的原则，依法办矿，安全生产，文明生产。(　　)
4. 国家重点建设工程需要占用乡镇煤矿的生产井田时，占用单位应当按照国家有关规定给予合理补偿；对违法开办的乡镇煤矿，也可适当补偿。(　　)
5. 未取得安全生产许可证的乡镇煤矿，可以进行煤炭试生产。(　　)
6. 乡镇煤矿开采煤炭资源，应当采用合理的开采顺序和科学的采矿方法，提高资源回采率和综合利用率，防止资源的浪费。(　　)
7. 乡镇煤矿依照有关法律、法规的规定办理关闭矿山手续时，应当向原审查办矿条件煤炭工业主管部门提交有关采掘工程、不安全隐患等资料。(　　)
8. 县级以上人民政府农业农村行政主管部门负责对乡镇煤矿安全工作的监督，并有权对取得矿长资格证书的矿长进行抽查。(　　)
9. 违反本条例规定，未经煤炭工业主管部门审查同意，擅自开办乡镇煤矿的，由原审查办矿条件的煤炭工业主管部门，根据情节轻重，给予警告、5万元以下的罚款、没收违法所得或者责令停产整顿。(　　)

(二) 单项选择题

1. 乡镇煤矿开采煤炭资源，必须依照有关法律、法规的规定，申请领取(　　)。

A. 采矿许可证和销售许可证　B. 采矿许可证和运输许可证
C. 开采许可证和安全生产许可证　D. 采矿许可证和安全生产许可证

2. 乡镇煤矿在国有煤矿企业矿区范围内开采边缘零星资源，必须征得该国有煤矿企业同意，并经其上级主管部门(　　)。
A. 批准　B. 同意
C. 许可　D. 审批

3. (　　)以上人民政府负责管理煤炭工业的部门对矿长考核合格后，应当颁发矿长资格证书。
A. 乡级　B. 县级
C. 市级　D. 省级

4. 乡镇煤矿发生伤亡事故，应当按照有关法律、行政法规的规定，及时如实地向(　　)人民政府、煤炭工业主管部门及其他有关主管部门报告，并立即采取有效措施，做好救护工作。
A. 乡级　B. 县级
C. 上一级　D. 上级

(三) 多项选择题

1. 国家(　　)乡镇煤矿的发展。
A. 扶持　B. 指导
C. 帮助　D. 鼓励

2. 乡镇煤矿应当按照(　　)的要求，建立、健全各级安全生产责任制和安全规章制度。
A. 国家有关矿山安全的法律　B. 国家有关矿山安全的法规
C. 煤炭行业安全规程　D. 煤炭行业技术规范

3. 乡镇煤矿应当及时测绘(　　)，并定期向原审查办矿条件的煤炭工业主管部门报送图纸，接受其监督、检查。
A. 井上下工程对照图　B. 煤矿平面图
C. 采掘工程平面图　D. 通风系统图

4. 违反本条例规定，未经国务院煤炭工业主管部门批准，(　　)，由国务院煤炭工业主管部门或者由其授权的省、自治区、直辖市人民政府煤炭工业主管部门，根据情节轻重，分别给予警告、5 万元以下的罚款、没收违法所得或者责令停止开采。

A. 擅自进入国家规划煤炭矿区、对国民经济具有重要价值的煤炭矿区采矿的

B. 擅自开采国家规定实行保护性开采的稀缺煤种的

C. 擅自开采国有煤矿企业矿区范围内边缘零星资源的

D. 擅自开办乡镇煤矿的

（四）填空题

1. 国家对煤炭资源的开发利用实行____、____的方针。
2. 县级以上地方人民政府应当加强对乡镇煤矿的管理，依法维护乡镇煤矿的____，保护乡镇煤矿的____；对发展乡镇煤矿作出显著成绩的单位和个人给予____。
3. 申请开办乡镇煤矿，其矿区范围跨 2 个____以上行政区域的，由其____人民政府负责管理煤炭工业的部门审查申请人的办矿条件。
4. 乡镇煤矿的____和办矿单位的____，应当加强对煤矿安全生产工作的领导，落实安全生产责任制，采取各种有效措施，防止生产事故的发生。
5. 乡镇煤矿进行采矿作业，不得采用可能____生产安全的____、爆破、贯通巷道等危险方法。
6. 违反法律、法规关于矿山安全的规定，造成____或者财产损失的，依照有关法律、法规的规定给予处罚。

（五）简答题

1. 简述煤炭工业行业管理的任务。
2. 简述乡镇煤矿不得开采的煤炭资源的范围。
3. 简述开办乡镇煤矿必须具备的条件。

参考答案

（一）判断题

1. √，解析：根据《乡镇煤矿管理条例》第 2 条规定。

2. ×，解析：根据《乡镇煤矿管理条例》第 3 条第 1 款规定，煤炭资源属于国家所有。地表或者地下的煤炭资源的国家所有权，不因其所依附的土地的所有权或者使用权的不同而改变。

3. √，解析：根据《乡镇煤矿管理条例》第 6 条规定。

4. ×，解析：根据《乡镇煤矿管理条例》第 11 条规定，国家重点建设工程需要占用乡镇煤矿的生产井田时，占用单位应当按照国家有关规定给予合理补偿；但是，对违法开办的乡镇煤矿，不予补偿。

5. ×，解析：根据《乡镇煤矿管理条例》第 14 条规定，乡镇煤矿建成投产前，应当按照国务院关于安全生产许可证管理的规定，申请领取安全生产许可证。未取得安全生产许可证的乡镇煤矿，不得进行煤炭生产。

6. √，解析：根据《乡镇煤矿管理条例》第 15 条规定。

7. ×，解析：根据《乡镇煤矿管理条例》第 23 条规定，乡镇煤矿依照有关法律、法规的规定办理关闭矿山手续时，应当向原审查办矿条件的煤炭工业主管部门提交有关采掘工程、不安全隐患等资料。

8. ×，解析：根据《乡镇煤矿管理条例》第 24 条规定，县级以上人民政府劳动行政主管部门负责对乡镇煤矿安全工作的监督，并有权对取得矿长资格证书的矿长进行抽查。

9. √，解析：根据《乡镇煤矿管理条例》第 26 条规定。

（二）单项选择题

1. D，解析：根据《乡镇煤矿管理条例》第 4 条规定，乡镇煤矿开采煤炭资源，必须依照有关法律、法规的规定，申请领取采矿许可证和安全生产许可证。

2. A，解析：根据《乡镇煤矿管理条例》第 10 条规定，乡镇煤矿在国有煤矿企业矿区范围内开采边缘零星资源，必须征得该国有煤矿企业同意，并经其上级主管部门批准。

3. B，解析：根据《乡镇煤矿管理条例》第 19 条规定，县级以上人民政府负责管理煤炭工业的部门对矿长考核合格后，应当颁发矿长资格证书。

4. C，解析：根据《乡镇煤矿管理条例》第 20 条规定，乡镇煤矿发生伤亡事故，应当按照有关法律、行政法规的规定，及时如实地向上一级人民政府、煤炭工业主管部门及其他有关主管部门报告，并立即采取有效措施，做好救护工作。

（三）多项选择题

1. ABC，解析：根据《乡镇煤矿管理条例》第 5 条第 1 款规定，国家扶持、指导和帮助乡镇煤矿的发展。
2. ABCD，解析：根据《乡镇煤矿管理条例》第 17 条规定，乡镇煤矿应当按照国家有关矿山安全的法律、法规和煤炭行业安全规程、技术规范的要求，建立、健全各级安全生产责任制和安全规章制度。
3. ACD，解析：根据《乡镇煤矿管理条例》第 21 条规定，乡镇煤矿应当及时测绘井上下工程对照图、采掘工程平面图和通风系统图，并定期向原审查办矿条件的煤炭工业主管部门报送图纸，接受其监督、检查。
4. AB，解析：根据《乡镇煤矿管理条例》第 27 条规定，违反本条例规定，有下列情形之一的，由国务院煤炭工业主管部门或者由其授权的省、自治区、直辖市人民政府煤炭工业主管部门，根据情节轻重，分别给予警告、5 万元以下的罚款、没收违法所得或者责令停止开采：（1）未经国务院煤炭工业主管部门批准，擅自进入国家规划煤炭矿区、对国民经济具有重要价值的煤炭矿区采矿的，或者擅自开采国家规定实行保护性开采的稀缺煤种的；（2）未经国有煤矿企业的上级主管部门批准，擅自开采国有煤矿企业矿区范围内边缘零星资源的。

（四）填空题

1. 统一规划；合理布局。（《乡镇煤矿管理条例》第 3 条第 2 款）
2. 生产秩序；合法权益；奖励。（《乡镇煤矿管理条例》第 5 条第 2 款）
3. 县级；共同的上一级。（《乡镇煤矿管理条例》第 13 条）
4. 矿长；主要负责人。（《乡镇煤矿管理条例》第 18 条）
5. 危及相邻煤矿；决水。（《乡镇煤矿管理条例》第 22 条）
6. 人身伤亡。（《乡镇煤矿管理条例》第 25 条）

（五）简答题

1. 答：根据《乡镇煤矿管理条例》第 7 条规定，煤炭工业行业管理的任务是统筹规划、组织协调、提供服务、监督检查。
2. 答：根据《乡镇煤矿管理条例》第 9 条规定，未经国务院煤炭工业主管部门批准，乡镇煤矿不得开采下列煤炭资源：（1）国家规划煤炭矿区；（2）对国民经济具有重要价值的煤炭矿区；（3）国家规定实行保护性开采的稀缺煤种；（4）重要河流、堤坝和大型水利工程设施下的保安煤柱；（5）铁路、重要公路和桥梁下的保安煤柱；（6）重要工业区、重要工程设施、机场、国防工程设施下的保安煤柱；（7）不能移动的国家重点保护的历史文物、名胜古迹和国家划定的自然保护区、重要风景区下的保安煤柱；（8）正在建设或者正在开采的矿井的保安煤柱。

3. 答：根据《乡镇煤矿管理条例》第 12 条规定，开办乡镇煤矿，必须具备下列条件：（1）符合国家煤炭工业发展规划；（2）有经依法批准可供开采的、无争议的煤炭资源；（3）有与所建矿井生产规模相适应的资金、技术装备和技术人才；（4）有经过批准的采矿设计或者开采方案；（5）有符合国家规定的安全生产措施和环境保护措施；（6）办矿负责人经过技术培训，并持有矿长资格证书；（7）法律、法规规定的其他条件。

二十二、农药管理条例

（一）判断题

1. 市级以上地方人民政府农业主管部门负责本行政区域的农药监督管理工作。（　　）
2. 只有农药生产企业应当加强行业自律，规范生产、经营行为。（　　）
3. 国家鼓励和支持研制、生产、出售安全、高效、经济的农药，推进农药专业化使用，促进农药产业升级。（　　）
4. 申请农药登记的，可以不用进行登记试验。（　　）
5. 新农药的登记试验应当向省级人民政府农业主管部门提出申请。（　　）
6. 新农药研制者可以转让其已取得登记的新农药的登记资料；农药生产企业可以向具有相应生产能力的农药生产企业转让其已取得登记的农药的登记资料。（　　）
7. 国家对每次登记的、含有新化合物的农药的申请人提交的其自己所取得且未披露的试验数据和其他数据实施保护。（　　）
8. 委托加工、分装农药的，委托人应当取得相应的农药生产许可证，受托人应当取得农药登记证。（　　）

（二）单项选择题

1. （　　）所属的负责农药检定工作的机构负责农药登记具体工作。
   A. 国务院农村主管部门　　B. 国务院司法部门
   C. 国务院环境部门　　D. 国务院农业主管部门
2. （　　）由国务院农业主管部门制定。
   A. 农药登记评审规则　　B. 农药登记规则
   C. 农药登记检查评审规则　　D. 农药评审规则
3. 国务院农业主管部门应当自受理申请之日起（　　）个工作日内对试验的

安全风险及其防范措施进行审查，符合条件的，准予登记试验；不符合条件的，书面通知申请人并说明理由。

A. 10　　B. 20

C. 30　　D. 40

4. 登记试验单位应当对登记试验报告的(　　)负责。

A. 可靠性　　B. 完整性

C. 真实性　　D. 有效性

5. 国务院农业主管部门受理申请或者收到省、自治区、直辖市人民政府农业主管部门报送的申请资料后，应当组织审查和登记评审，并自收到评审意见之日起(　　)内作出审批决定，符合条件的，核发农药登记证；不符合条件的，书面通知申请人并说明理由。

A. 20 日　　B. 20 个工作日

C. 30 日　　D. 30 个工作日

6. 农药登记证有效期为(　　)年。

A. 2　　B. 3

C. 5　　D. 7

(三) 多项选择题

1. 本条例所称农药，是指用于(　　)危害农业、林业的病、虫、草、鼠和其他有害生物以及有目的地调节植物、昆虫生长的化学合成或者来源于生物、其他天然物质的一种物质或者几种物质的混合物及其制剂。

A. 治理　　B. 杀害

C. 预防　　D. 控制

2. 农药生产企业、农药经营者应当对其生产、经营的农药的(　　)负责，自觉接受政府监管和社会监督。

A. 安全性　　B. 稳定性

C. 有效性　　D. 绿色性

3. 国家鼓励和支持(　　)安全、高效、经济的农药，推进农药专业化使用，促进农药产业升级。

A. 研制　　B. 生产

C. 出售　　D. 使用

4. 对在农药(　　)等工作中作出突出贡献的单位和个人，按照国家有关规定予以表彰或者奖励。

A. 生产　　B. 研制

C. 推广　　D. 监督管理

5. 与已取得中国农药登记的农药(　　)相同的农药，免予残留、环境试验，但已取得中国农药登记的农药依照本条例第十五条的规定在登记资料保护期内的，应当经农药登记证持有人授权同意。

A. 组成成分　　B. 使用范围

C. 使用方法　　D. 性质用途

6. 登记试验结束后，申请人应当向所在地省、自治区、直辖市人民政府农业主管部门提出农药登记申请，并提交(　　)及其检验方法等申请资料；申请新农药登记的，还应当提供农药标准品。

A. 登记试验报告　　B. 试验证明报告

C. 标签样张　　D. 农药产品质量标准

7. 农药登记证应当载明农药名称、剂型、有效成分及其(　　)、使用范围、使用方法和剂量、登记证持有人、登记证号以及有效期等事项。

A. 含量　　B. 毒性

C. 性质　　D. 用途

(四) 填空题

1. 为了加强农药管理，保证____，保障农产品质量安全和人畜安全，保护农业、林业生产和生态环境，制定本条例。

2. ____负责全国的农药监督管理工作。

3. 县级以上地方人民政府应当加强对农药监督管理工作的组织领导，将____列入本级政府预算，保障农药监督管理工作的开展。

4. 国家实行____制度。农药生产企业、向中国出口农药的企业应当依照本条例的规定申请农药登记，新农药研制者可以依照本条例的规定申请农药登记。

5. 国务院农业主管部门组织成立____，负责农药登记评审。

6. 农药的登记试验应当报所在地省、自治区、直辖市____备案。
7. 登记试验应当由国务院农业主管部门认定的____按照国务院农业主管部门的规定进行。
8. 向中国出口农药的企业申请农药登记的，应当持本条第一款规定的资料、农药标准品以及在有关国家（地区）登记、使用的证明材料，向____提出申请。
9. 农药登记证载明事项发生变化的，农药登记证持有人应当按照国务院农业主管部门的规定申请____。

（五）简答题

1. 根据使用农药的不同目的、场所，请简述农药的种类。
2. 请简述农药登记评审委员会的人员组成。
3. 请简述农药生产企业应当具备的条件。

参考答案

（一）判断题

1. ×，解析：根据《农药管理条例》第3条第2款规定："县级以上地方人民政府农业主管部门负责本行政区域的农药监督管理工作。"
2. ×，解析：根据《农药管理条例》第5条第2款规定："农药生产企业、农药经营者应当加强行业自律，规范生产、经营行为。"
3. ×，解析：根据《农药管理条例》第6条第1款规定："国家鼓励和支持研制、生产、使用安全、高效、经济的农药，推进农药专业化使用，促进农药产业升级。"
4. ×，解析：根据《农药管理条例》第9条第1款规定："申请农药登记的，应当进行登记试验。"
5. ×，解析：根据《农药管理条例》第9条第3款规定："新农药的登记试验应当向国务院农业主管部门提出申请。国务院农业主管部门应当自受理申请之日起40个工作日内对试验的安全风险及其防范措施进行审查，符合条件的，准予登记试验；不符合条件的，书面通知申请人并说明理由。"
6. √，解析：根据《农药管理条例》第14条规定。

7. ×，解析：根据《农药管理条例》第 15 条第 1 款规定："国家对取得首次登记的、含有新化合物的农药的申请人提交的其自己所取得且未披露的试验数据和其他数据实施保护。"

8. ×，解析：根据《农药管理条例》第 19 条第 1 款规定："委托加工、分装农药的，委托人应当取得相应的农药登记证，受托人应当取得农药生产许可证。"

（二）单项选择题

1. D，解析：根据《农药管理条例》第 7 条第 2 款规定："国务院农业主管部门所属的负责农药检定工作的机构负责农药登记具体工作。省、自治区、直辖市人民政府农业主管部门所属的负责农药检定工作的机构协助做好本行政区域的农药登记具体工作。"

2. A，解析：根据《农药管理条例》第 8 条第 3 款规定："农药登记评审规则由国务院农业主管部门制定。"

3. D，解析：根据《农药管理条例》第 9 条第 3 款规定："新农药的登记试验应当向国务院农业主管部门提出申请。国务院农业主管部门应当自受理申请之日起 40 个工作日内对试验的安全风险及其防范措施进行审查，符合条件的，准予登记试验；不符合条件的，书面通知申请人并说明理由。"

4. C，解析：根据《农药管理条例》第 10 条第 3 款规定："登记试验单位应当对登记试验报告的真实性负责。"

5. B，解析：根据《农药管理条例》第 12 条规定："国务院农业主管部门受理申请或者收到省、自治区、直辖市人民政府农业主管部门报送的申请资料后，应当组织审查和登记评审，并自收到评审意见之日起 20 个工作日内作出审批决定，符合条件的，核发农药登记证；不符合条件的，书面通知申请人并说明理由。"

6. C，解析：根据《农药管理条例》第 13 条第 2 款规定："农药登记证有效期为 5 年。有效期届满，需要继续生产农药或者向中国出口农药的，农药登记证持有人应当在有效期届满 90 日前向国务院农业主管部门申请延续。"

（三）多项选择题

1. CD，解析：根据《农药管理条例》第 2 条第 1 款规定："本条例所称农药，是指用于预防、控制危害农业、林业的病、虫、草、鼠和其他有害生物以及有目的地调节植物、昆虫生长的化学合成或者来源于生物、其他天然物质的一种物质或者几种物质的混合物及其制剂。"

2. AC，解析：根据《农药管理条例》第 5 条第 1 款规定："农药生产企业、农药经营者应当对其生产、经营的农药的安全性、有效性负责，自觉接受政府监管和社会监督。"
3. ABD，解析：根据《农药管理条例》第 6 条第 1 款规定："国家鼓励和支持研制、生产、使用安全、高效、经济的农药，推进农药专业化使用，促进农药产业升级。"
4. BCD，解析：根据《农药管理条例》第 6 条第 2 款规定："对在农药研制、推广和监督管理等工作中作出突出贡献的单位和个人，按照国家有关规定予以表彰或者奖励。"
5. ABC，解析：根据《农药管理条例》第 10 条第 2 款规定："与已取得中国农药登记的农药组成成分、使用范围和使用方法相同的农药，免予残留、环境试验，但已取得中国农药登记的农药依照本条例第十五条的规定在登记资料保护期内的，应当经农药登记证持有人授权同意。"
6. ACD，解析：根据《农药管理条例》第 11 条第 1 款规定："登记试验结束后，申请人应当向所在地省、自治区、直辖市人民政府农业主管部门提出农药登记申请，并提交登记试验报告、标签样张和农药产品质量标准及其检验方法等申请资料；申请新农药登记的，还应当提供农药标准品。"
7. AB，解析：根据《农药管理条例》第 13 条第 1 款规定："农药登记证应当载明农药名称、剂型、有效成分及其含量、毒性、使用范围、使用方法和剂量、登记证持有人、登记证号以及有效期等事项。"

（四）填空题

1. 农药质量。（《农药管理条例》第 1 条）
2. 国务院农业主管部门。（《农药管理条例》第 3 条第 1 款）
3. 农药监督管理经费。（《农药管理条例》第 4 条）
4. 农药登记。（《农药管理条例》第 7 条第 1 款）
5. 农药登记评审委员会。（《农药管理条例》第 8 条第 1 款）
6. 人民政府农业主管部门。（《农药管理条例》第 9 条第 2 款）
7. 登记试验单位。（《农药管理条例》第 10 条第 1 款）
8. 国务院农业主管部门。（《农药管理条例》第 11 条第 3 款）
9. 变更农药登记证。（《农药管理条例》第 13 条第 3 款）

（五）简答题

1. 答：根据《农药管理条例》第 2 条第 2 款的规定："农药包括用于不同目的、

场所的下列各类：（一）预防、控制危害农业、林业的病、虫（包括昆虫、蜱、螨）、草、鼠、软体动物和其他有害生物；（二）预防、控制仓储以及加工场所的病、虫、鼠和其他有害生物；（三）调节植物、昆虫生长；（四）农业、林业产品防腐或者保鲜；（五）预防、控制蚊、蝇、蜚蠊、鼠和其他有害生物；（六）预防、控制危害河流堤坝、铁路、码头、机场、建筑物和其他场所的有害生物。"

2. 答：根据《农药管理条例》第 8 条第 2 款的规定："农药登记评审委员会由下列人员组成：（一）国务院农业、林业、卫生、环境保护、粮食、工业行业管理、安全生产监督管理等有关部门和供销合作总社等单位推荐的农药产品化学、药效、毒理、残留、环境、质量标准和检测等方面的专家；（二）国家食品安全风险评估专家委员会的有关专家；（三）国务院农业、林业、卫生、环境保护、粮食、工业行业管理、安全生产监督管理等有关部门和供销合作总社等单位的代表。"

3. 答：根据《农药管理条例》第 17 条第 1 款的规定："国家实行农药生产许可制度。农药生产企业应当具备下列条件，并按照国务院农业主管部门的规定向省、自治区、直辖市人民政府农业主管部门申请农药生产许可证：（一）有与所申请生产农药相适应的技术人员；（二）有与所申请生产农药相适应的厂房、设施；（三）有对所申请生产农药进行质量管理和质量检验的人员、仪器和设备；（四）有保证所申请生产农药质量的规章制度。"

二十三、兽药管理条例

（一）判断题

1. 研制的新兽药属于生物制品的，应当在临床试验前向国务院兽医行政管理部门提出申请，国务院兽医行政管理部门应当自收到申请之日起 45 个工作日内将审查结果书面通知申请人。（　　）
2. 兽药生产许可证有效期为 5 年。有效期届满，需要继续生产兽药的，应当在许可证有效期届满前 6 个月到发证机关申请换发兽药生产许可证。（　　）
3. 兽药残留限量标准和残留检测方法，由国务院兽医行政管理部门制定发布。（　　）
4. 当事人对兽药检验结果有异议的，可以自收到检验结果之日起 6 个工作日内向实施检验的机构或者上级兽医行政管理部门设立的检验机构申请复检。（　　）

（二）单项选择题

1. 关于《兽药管理条例》，下列说法中错误的是：（　　）
   A. 禁止在饲料和动物饮用水中添加激素类药品和国务院兽医行政管理部门规定的其他禁用药品。
   B. 经批准可以在饲料中添加的兽药，应当由兽药生产企业制成药物饲料添加剂后方可添加。禁止将原料药直接添加到饲料及动物饮用水中或者直接饲喂动物。
   C. 有休药期规定的兽药用于食用动物时，饲养者应当向购买者或者屠宰者提供准确、真实的用药记录；购买者或者屠宰者应当确保动物及其产品在用药期、休药期内不被用于食品消费。
   D. 人用药品可以用于动物

2. 动物产品的生产者、销售者对检测结果有异议的，可以自收到检测结果之日起(　　)工作日内向组织实施兽药残留检测的兽医行政管理部门或者其上级兽医行政管理部门提出申请，由受理申请的兽医行政管理部门指定检验机构进行复检。

A. 7 个　　B. 6 个

C. 5 个　　D. 4 个

3. 兽药残留限量标准和残留检测方法，由(　　)制定发布。

A. 国务院　　B. 全国人民代表大会

C. 国务院兽医行政管理部门　　D. 国务院药品行政管理部门

4. 兽药生产企业生产兽药，应当取得国务院兽医行政管理部门核发的产品批准文号，产品批准文号的有效期为(　　)。

A. 5 年　　B. 4 年

C. 3 年　　D. 2 年

5. 兽药生产企业应当按照兽药(　　)和国务院兽医行政管理部门批准的生产工艺进行生产。

A. 行业标准　　B. 地方标准

C. 国家标准　　D. 企业标准

（三）多项选择题

1. 禁止(　　)兽药生产许可证、兽药经营许可证和兽药批准证明文件。

A. 买卖　　B. 出租

C. 出借　　D. 申请

2. 兽药经营企业，应当建立兽药保管制度，采取必要的(　　)、防鼠等措施，保持所经营兽药的质量。

A. 冷藏　　B. 防冻

C. 防潮　　D. 防虫

3. 关于《兽药管理条例》，下列说法中错误的是：(　　)

A. 兽药广告的内容应当与兽药说明书内容相一致，在全国重点媒体发布兽药广告的，应当经国务院兽医行政管理部门审查批准，取得兽药广告审查批准文号。

B. 强制免疫所需兽用生物制品的经营，应当符合国务院兽医行政管理部门的规定。

C. 兽药入库、出库，应当执行检查验收制度，不必准确记录。

D. 兽药经营企业经营人可以用药品和假、劣兽药。

（四）填空题

1. 研制新兽药，应当具有与研制相适应的____、____、____、安全管理规范和措施。
2. 研制新兽药，应当进行____。
3. 兽药生产企业应当建立生产记录，生产记录应当____。
4. 生产兽药所需的____，应当符合国家标准或者所生产兽药的____。
5. 兽药包装应当按照规定印有或者贴有标签，附具说明书，并在显著位置注明____字样。
6. 国务院兽医行政管理部门，根据保证动物产品质量安全和人体健康的需要，可以对新兽药设立不超过 5 年的____。
7. 兽药经营许可证有效期为____。有效期届满，需要继续经营兽药的，应当在许可证有效期届满前 6 个月到发证机关____兽药经营许可证。
8. 兽药经营企业购进兽药，应当将兽药产品与产品标签或者____、____核对无误。

（五）简答题

1. 简述临床试验完成后，新兽药研制者向国务院兽医行政管理部门提出新兽药注册申请时，应当提交的新兽药的样品和资料。
2. 简述从事兽药生产的企业，应当符合国家兽药行业发展规划和产业政策并具备的条件。

参考答案

（一）判断题

1. ×，解析：根据《兽药管理条例》第 8 条第 2 款规定：“研制的新兽药属于生物制品的，应当在临床试验前向国务院兽医行政管理部门提出申请，国务院兽医行政管理部门应当自收到申请之日起60个工作日内将审查结果书面通知申请人。”

2. √，解析：根据《兽药管理条例》第12条第2款规定。

3. √，解析：根据《兽药管理条例》第42条第4款规定。

4. ×，解析：根据《兽药管理条例》第44条第3款规定：“当事人对兽药检验结果有异议的，可以自收到检验结果之日起7个工作日内向实施检验的机构或者上级兽医行政管理部门设立的检验机构申请复检。”

（二）单项选择题

1. D，解析：根据《兽药管理条例》第41条第4款规定：“禁止将人用药品用于动物。”

2. C，解析：根据《兽药管理条例》第42条第3款规定：“动物产品的生产者、销售者对检测结果有异议的，可以自收到检测结果之日起7个工作日内向组织实施兽药残留检测的兽医行政管理部门或者其上级兽医行政管理部门提出申请，由受理申请的兽医行政管理部门指定检验机构进行复检。”

3. C，解析：根据《兽药管理条例》第42条第4款规定：“兽药残留限量标准和残留检测方法，由国务院兽医行政管理部门制定发布。”

4. A，解析：根据《兽药管理条例》第15条规定：“兽药生产企业生产兽药，应当取得国务院兽医行政管理部门核发的产品批准文号，产品批准文号的有效期为5年。兽药产品批准文号的核发办法由国务院兽医行政管理部门制定。”

5. C，解析：根据《兽药管理条例》第16条第1款规定：“兽药生产企业应当按照兽药国家标准和国务院兽医行政管理部门批准的生产工艺进行生产。兽药生产企业改变影响兽药质量的生产工艺的，应当报原批准部门审核批准。”

（三）多项选择题

1. ABC，解析：根据《兽药管理条例》第52条规定：“禁止买卖、出租、出借兽药生产许可证、兽药经营许可证和兽药批准证明文件。”

2. ABCD，解析：根据《兽药管理条例》第29条第1款规定：“兽药经营企业，应当建立兽药保管制度，采取必要的冷藏、防冻、防潮、防虫、防鼠等措施，保持所经营兽药的质量。”

3. CD，解析：根据《兽药管理条例》第29条第2款规定：“兽药入库、出库，应当执行检查验收制度，并有准确记录。”C错；《兽药管理条例》第27条第

3 款规定："禁止兽药经营企业经营人用药品和假、劣兽药。"

（四）填空题

1. 场所；仪器设备；专业技术人员。（《兽药管理条例》第 7 条第 1 款）
2. 安全性评价。（《兽药管理条例》第 7 条第 2 款）
3. 完整、准确。（《兽药管理条例》第 16 条第 2 款）
4. 原料、辅料；质量要求。（《兽药管理条例》第 17 条第 1 款）
5. "兽用"。（《兽药管理条例》第 20 条第 1 款）
6. 监测期。（《兽药管理条例》第 21 条）
7. 5 年；申请换发。（《兽药管理条例》第 23 条第 2 款）
8. 说明书；产品质量合格证。（《兽药管理条例》第 26 条）

（五）简答题

1. 答：根据《兽药管理条例》第 9 条规定："临床试验完成后，新兽药研制者向国务院兽医行政管理部门提出新兽药注册申请时，应当提交该新兽药的样品和下列资料：（一）名称、主要成分、理化性质；（二）研制方法、生产工艺、质量标准和检测方法；（三）药理和毒理试验结果、临床试验报告和稳定性试验报告；（四）环境影响报告和污染防治措施。"
2. 答：《兽药管理条例》第 11 条规定："从事兽药生产的企业，应当符合国家兽药行业发展规划和产业政策，并具备下列条件：（一）与所生产的兽药相适应的兽医学、药学或者相关专业的技术人员；（二）与所生产的兽药相适应的厂房、设施；（三）与所生产的兽药相适应的兽药质量管理和质量检验的机构、人员、仪器设备；（四）符合安全、卫生要求的生产环境；（五）兽药生产质量管理规范规定的其他生产条件。"

二十四、农田水利条例

（一）判断题

1. 为了加快农田水利发展，提高农业综合生产能力，保障国家粮食安全，制定本条例。（　　）
2. 农田水利规划的编制实施、农田水利工程建设和运行维护、农田灌溉和排水等活动，适用本条例（　　）
3. 国家依法保护农田水利工程投资者的权益。（　　）
4. 下级农田水利规划应当根据上级农田水利规划编制，并向上一级人民政府水行政主管部门备案。（　　）
5. 县级以上人民政府水行政主管部门和其他有关部门按照职责分工负责实施农田水利规划。（　　）

（二）单项选择题

1. （　　）不在编制农田水利规划应当统筹考虑范围之内。

   A. 经济社会发展水平　　B. 水土资源供需平衡

   C. 农业生产需求　　D. 人口数量

2. 以下哪个不是县级人民政府水行政主管部门编制农田水利规划，应当征求意见的主体？（　　）

   A. 农村集体经济组织　　B. 农民用水合作组织

   C. 居民　　D. 农民

3. 编制土地整治、农业综合开发等规划涉及农田水利，应当与农田水利规划相衔接，并征求（　　）的意见。

   A. 本级人民政府水行政主管部　　B. 水利局

   C. 农民用水合作组织　　D. 农村集体经济组织

4. 县级以上人民政府水行政主管部门应当会同本级人民政府有关部门对农

田水利规划实施情况进行评估，并将评估结果向(　　)报告。

A. 本级人民政府　　B. 水利局

C. 全国人大　　D. 国务院

（三）多项选择题

1. 哪些属于县级以上人民政府水行政主管部门应该做的事项？(　　)

A. 农田水利信息系统建设　　B. 发布农田水利规划

C. 收集运行维护信息　　D. 发布水利工程建设信息

2. 下列哪些属于禁止危害农田水利工程设施的行为？(　　)

A. 损毁农田水利工程设施　　B. 堆放阻碍蓄水、输水、排水的物体

C. 打井　　D. 采石

3. 根据《农田水利条例》，下列哪些行为是正确的？(　　)

A. 采取先进的农田排水技术和措施

B. 控制和合理利用农田排水

C. 减少肥料流失

D. 防止农业面源污染

（四）填空题

1. 省、自治区、直辖市人民政府水行政主管部门应当组织做好本行政区域农田灌溉排水试验工作。灌溉试验站应当做好农田灌溉排水____，加强科技成果____，指导用水户科学灌溉排水。

2. 国家鼓励推广应用喷灌、微灌、管道输水灌溉、____输水灌溉等节水灌溉技术，以及先进的农机、农艺和生物技术等，提高灌溉用水____。

3. 灌区管理单位应当根据有管辖权的县级以上人民政府水行政主管部门核定的年度取用水计划，制定灌区内____和____，与用水户签订用水协议。

4. 农田灌溉用水应当符合相应的____。县级以上地方人民政府环境保护主管部门应当会同水行政主管部门、农业主管部门加强对农田灌溉用水的____。

（五）简答题

1. 农田水利工程按照哪些规定确定运行维护主体。
2. 禁止危害农田水利工程设施的哪些行为。
3. 违反《农田水利条例》规定，有哪些行为之一的，构成犯罪的，依法追究刑事责任。

参考答案

（一）判断题

1. √，解析：根据《农田水利条例》第 1 条规定。
2. √，解析：根据《农田水利条例》第 2 条规定。
3. ×，解析：根据《农田水利条例》第 5 条规定："国家鼓励和引导农村集体经济组织、农民用水合作组织、农民和其他社会力量进行农田水利工程建设、经营和运行维护，保护农田水利工程设施，节约用水，保护生态环境。国家依法保护农田水利工程投资者的合法权益。"
4. √，解析：根据《农田水利条例》第 9 条规定。
5. √，解析：根据《农田水利条例》第 10 条规定。

（二）单项选择题

1. D，解析：根据《农田水利条例》第 7 条规定："编制农田水利规划应当统筹考虑经济社会发展水平、水土资源供需平衡、农业生产需求、灌溉排水发展需求、环境保护等因素。农田水利规划应当包括发展思路、总体任务、区域布局、保障措施等内容；县级农田水利规划还应当包括水源保障、工程布局、工程规模、生态环境影响、工程建设和运行维护、技术推广、资金筹措等内容。"
2. C，解析：根据《农田水利条例》第 8 条规定："县级以上人民政府应当组织开展农田水利调查。农田水利调查结果是编制农田水利规划的依据。县级人民政府水行政主管部门编制农田水利规划，应当征求农村集体经济组织、农民用水合作组织、农民等方面的意见。"
3. A，解析：根据《农田水利条例》第 11 条规定："编制土地整治、农业综合开发等规划涉及农田水利，应当与农田水利规划相衔接，并征求本级人民政府水行政主管部门的意见。”

4. A. 解析：根据《农田水利条例》第10条规定：“县级以上人民政府水行政主管部门和其他有关部门按照职责分工负责实施农田水利规划。县级以上人民政府水行政主管部门应当会同本级人民政府有关部门对农田水利规划实施情况进行评估，并将评估结果向本级人民政府报告。”

（三）多项选择题

1. ABCD，解析：根据《农田水利条例》第17条规定：“县级以上人民政府水行政主管部门应当会同有关部门加强农田水利信息系统建设，收集与发布农田水利规划、农田水利工程建设和运行维护等信息。”
2. ABCD，解析：根据《农田水利条例》第23条规定：“禁止危害农田水利工程设施的下列行为：（一）侵占、损毁农田水利工程设施；（二）危害农田水利工程设施安全的爆破、打井、采石、取土等活动；（三）堆放阻碍蓄水、输水、排水的物体；（四）建设妨碍蓄水、输水、排水的建筑物和构筑物；（五）向塘坝、沟渠排放污水、倾倒垃圾以及其他废弃物。”
3. ABCD，解析：根据《农田水利条例》第30条规定：“国家鼓励采取先进适用的农田排水技术和措施，促进盐碱地和中低产田改造；控制和合理利用农田排水，减少肥料流失，防止农业面源污染。”

（四）填空题

1. 试验研究；示范推广。（《农田水利条例》第31条）
2. 渠道防渗；效率。（《农田水利条例》第32条）
3. 用水计划；调度方案。（《农田水利条例》第28条）
4. 水质标准；水质监测。（《农田水利条例》第29条）

（五）简答题

1. 答：根据《农田水利条例》第18条规定，农田水利工程按照下列规定确定运行维护主体：（1）政府投资建设的大中型农田水利工程，由县级以上人民政府按照工程管理权限确定的单位负责运行维护，鼓励通过政府购买服务等方式引进社会力量参与运行维护；（2）政府投资建设或者财政补助建设的小型农田水利工程，按照规定交由受益农村集体经济组织、农民用水合作组织、农民等使用和管理的，由受益者或者其委托的单位、个人负责运行维护；（3）农村集体经济组织筹资筹劳建设的农田水利工程，由农村集体经济组织或者其委托的单位、个人负责运行维护；（4）农民或者其他社会力量投资建设的农田水利工程，由投资者或者其委托的单位、个人负责运行维护；（5）政府与社会力量共同投资建设的农田水利工程，由投资者按照约定确定运行维护主体。

农村土地承包经营权依法流转的，应当同时明确该土地上农田水利工程的运行维护主体。

2. 答：根据《农田水利条例》第23条规定，禁止危害农田水利工程设施的下列行为：（1）侵占、损毁农田水利工程设施；（2）危害农田水利工程设施安全的爆破、打井、采石、取土等活动；（3）堆放阻碍蓄水、输水、排水的物体；（4）建设妨碍蓄水、输水、排水的建筑物和构筑物；（5）向塘坝、沟渠排放污水、倾倒垃圾以及其他废弃物。

3. 答：根据《农田水利条例》第43条规定，违反本条例规定，有下列行为之一的，由县级以上地方人民政府水行政主管部门责令停止违法行为，限期恢复原状或者采取补救措施；逾期不恢复原状或者采取补救措施的，依法强制执行；造成损失的，依法承担民事责任；构成违反治安管理行为的，依法给予治安管理处罚；构成犯罪的，依法追究刑事责任：（1）堆放阻碍农田水利工程设施蓄水、输水、排水的物体；（2）建设妨碍农田水利工程设施蓄水、输水、排水的建筑物和构筑物；（3）擅自占用农业灌溉水源、农田水利工程设施。

二十五、基本农田保护条例

（一）判断题

1. 国家实行所有农田保护制度。（　　）
2. 县级以上地方各级人民政府土地行政主管部门和农业行政主管部门按照本级人民政府规定的职责分工，依照本条例负责本行政区域内的基本农田保护管理工作。（　　）
3. 国家对在基本农田保护工作中取得显著成绩的单位和个人，给予奖励。（　　）
4. 任何单位和个人不得破坏或者擅自改变基本农田保护区的保护标志。（　　）
5. 划定基本农田保护区时，可以改变土地承包者的承包经营权。（　　）
6. 划定基本农田保护区的技术规程，由国务院土地行政主管部门制定。（　　）
7. 基本农田保护区经依法划定后，任何单位和个人不得改变或者占用。国家能源、交通、水利、军事设施等重点建设项目选址确实无法避开基本农田保护区，需要占用基本农田，涉及农用地转用或者征收土地的，必须经国务院批准。（　　）
8. 违反本条例规定，应当将耕地划入基本农田保护区而不划入的，由本级人民政府责令限期改正；拒不改正的，对直接负责的主管人员和其他直接责任人员依法给予行政处分或者纪律处分。（　　）

（二）单项选择题

1.《基本农田保护条例》所称（　　），是指按照一定时期人口和社会经济发展对农产品的需求，依据土地利用总体规划确定的不得占用的耕地。

A. 所有农田　　B. 农田

C. 基本农田　　D. 基础农田

2. 省、自治区、直辖市划定的基本农田应当占本行政区域内耕地总面积的(　　)以上，具体数量指标根据全国土地利用总体规划逐级分解下达。

A. 60%　　B. 70%

C. 75%　　D. 80%

3. 根据土地利用总体规划，(　　)，城市和村庄、集镇建设用地区周边的耕地，应当优先划入基本农田保护区；需要退耕还林、还牧、还湖的耕地，不应当划入基本农田保护区。

A. 铁路、公路等交通沿线　　B. 沿海地区的生态地

C. 沿海地区的交通沿线　　D. 铁路、海路等交通沿线

4. 基本农田保护区以(　　)为单位划区定界，由县级人民政府土地行政主管部门会同同级农业行政主管部门组织实施。

A. 县　　B. 乡（镇）

C. 村　　D. 街道

5. 禁止任何单位和个人占用基本农田发展(　　)和挖塘养鱼。

A. 林业　　B. 养殖业

C. 林果业　　D. 种植业

6. 禁止任何单位和个人闲置、荒芜基本农田。经国务院批准的重点建设项目占用基本农田的，满1年不使用而又可以耕种并收获的，应当由原耕种该幅基本农田的集体或者个人恢复耕种，也可以由用地单位组织耕种；(　　)年以上未动工建设的，应当按照省、自治区、直辖市的规定缴纳闲置费；连续(　　)年未使用的，经国务院批准，由县级以上人民政府无偿收回用地单位的土地使用权；该幅土地原为农民集体所有的，应当交由原农村集体经济组织恢复耕种，重新划入基本农田保护区。

A. 1；2　　B. 1；3

C. 2；4　　D. 2；5

7. 县级以上人民政府农业行政主管部门应当会同(　　)对基本农田环境污染进行监测和评价，并定期向本级人民政府提出环境质量与发展趋势的报告。

A. 上级环境保护行政主管部门　　B. 同级农田保护行政主管部门

C. 同级环境保护行政主管部门　　D. 上级环境保护行政主管部门

（三）多项选择题

1. 基本农田保护实行(　　)的方针。

A. 全面规划　　B. 合理利用

C. 用养结合　　D. 严格保护

2. 任何单位和个人都有保护基本农田的义务，并有权(　　)侵占、破坏基本农田和其他违反本条例的行为。

A. 检举　　B. 举报

C. 控告　　D. 监督

3. 各级人民政府在编制土地利用总体规划时，应当将基本农田保护作为规划的一项内容，明确基本农田保护的(　　)。

A. 布局安排　　B. 数量指标

C. 质量要求　　D. 环境要求

4. 占用基本农田的单位应当按照县级以上地方人民政府的要求，将所占用基本农田耕作层的土壤用于(　　)的土壤改良。

A. 基本生存用地　　B. 新开垦耕地

C. 劣质地　　D. 商业用地

5. 禁止任何单位和个人在基本农田保护区内(　　)、采石、采矿、取土、堆放固体废弃物或者进行其他破坏基本农田的活动。

A. 建窑　　B. 挖砂

C. 建房　　D. 建坟

6. 向基本农田保护区提供肥料和作为肥料的(　　)的，应当符合国家有关标准。

A. 城市垃圾　　B. 城乡垃圾

C. 建筑垃圾　　D. 污泥

（四）填空题

1. ____应当采取措施，确保土地利用总体规划确定的本行政区域内基本农田的数量不减少。

2. 占用单位应当按照____的原则，负责开垦与所占基本农田的数量与质量相当的耕地；没有条件开垦或者开垦的耕地不符合要求的，应当按照省、自治区、直辖市的规定缴纳耕地开垦费，专款用于开垦新的耕地。

3. 农村集体经济组织或者____应当定期评定基本农田地力等级。
4. 县级以上地方各级人民政府农业行政主管部门应当逐步建立基本农田地力与____长期定位监测网点，定期向本级人民政府提出基本农田地力变化状况报告以及相应的地力保护措施，并为农业生产者提供施肥指导服务。
5. 经____批准占用基本农田兴建国家重点建设项目的，必须遵守国家有关建设项目环境保护管理的规定。在建设项目环境影响报告书中，应当有基本农田环境保护方案。

（五）简答题

1. 请简述哪些耕地应当划入基本农田保护区，严格管理。
2. 请简述基本农田保护责任书应当包括的内容。
3. 请简述哪些行为会依照《中华人民共和国土地管理法》和《中华人民共和国土地管理法实施条例》的有关规定，从重给予处罚。

参考答案

（一）判断题

1. ×，解析：根据《基本农田保护条例》第 2 条第 1 款规定："国家实行基本农田保护制度。"
2. √，解析：根据《基本农田保护条例》第 6 条第 2 款规定。
3. √，解析：根据《基本农田保护条例》第 7 条规定。
4. √，解析：根据《基本农田保护条例》第 11 条第 2 款规定。
5. ×，解析：根据《基本农田保护条例》第 12 条规定："划定基本农田保护区时，不得改变土地承包者的承包经营权。"
6. ×，解析：根据《基本农田保护条例》第 13 条规定："划定基本农田保护区的技术规程，由国务院土地行政主管部门会同国务院农业行政主管部门制定。"
7. √，解析：根据《基本农田保护条例》第 15 条规定。
8. ×，解析：根据《基本农田保护条例》第 31 条规定："违反本条例规定，应当将耕地划入基本农田保护区而不划入的，由上一级人民政府责令限期改正；拒不改正的，对直接负责的主管人员和其他直接责任人员依法给予行政处分或者纪律处分。”

（二）单项选择题

1. C，解析：根据《基本农田保护条例》第2条第2款规定：“本条例所称基本农田，是指按照一定时期人口和社会经济发展对农产品的需求，依据土地利用总体规划确定的不得占用的耕地。”
2. D，解析：根据《基本农田保护条例》第9条规定：“省、自治区、直辖市划定的基本农田应当占本行政区域内耕地总面积的80%以上，具体数量指标根据全国土地利用总体规划逐级分解下达。”
3. A，解析：根据《基本农田保护条例》第10条第2款规定：“根据土地利用总体规划，铁路、公路等交通沿线，城市和村庄、集镇建设用地区周边的耕地，应当优先划入基本农田保护区；需要退耕还林、还牧、还湖的耕地，不应当划入基本农田保护区。”
4. B，解析：根据《基本农田保护条例》第11条第1款规定：“基本农田保护区以乡（镇）为单位划区定界，由县级人民政府土地行政主管部门会同同级农业行政主管部门组织实施。”
5. C，解析：根据《基本农田保护条例》第17条第2款规定：“禁止任何单位和个人占用基本农田发展林果业和挖塘养鱼。”
6. A，解析：根据《基本农田保护条例》第18条第1款规定：“禁止任何单位和个人闲置、荒芜基本农田。经国务院批准的重点建设项目占用基本农田的，满1年不使用而又可以耕种并收获的，应当由原耕种该幅基本农田的集体或者个人恢复耕种，也可以由用地单位组织耕种；1年以上未动工建设的，应当按照省、自治区、直辖市的规定缴纳闲置费；连续2年未使用的，经国务院批准，由县级以上人民政府无偿收回用地单位的土地使用权；该幅土地原为农民集体所有的，应当交由原农村集体经济组织恢复耕种，重新划入基本农田保护区。”
7. C，解析：根据《基本农田保护条例》第23条规定：“县级以上人民政府农业行政主管部门应当会同同级环境保护行政主管部门对基本农田环境污染进行监测和评价，并定期向本级人民政府提出环境质量与发展趋势的报告。”

（三）多项选择题

1. ABCD，解析：根据《基本农田保护条例》第3条规定：“基本农田保护实行全面规划、合理利用、用养结合、严格保护的方针。”

2. AC，解析：根据《基本农田保护条例》第5条规定：“任何单位和个人都有保护基本农田的义务，并有权检举、控告侵占、破坏基本农田和其他违反本条例的行为。”
3. ABC，解析：根据《基本农田保护条例》第8条第1款规定：“各级人民政府在编制土地利用总体规划时，应当将基本农田保护作为规划的一项内容，明确基本农田保护的布局安排、数量指标和质量要求。”
4. BC，解析：根据《基本农田保护条例》第16条第2款规定：“占用基本农田的单位应当按照县级以上地方人民政府的要求，将所占用基本农田耕作层的土壤用于新开垦耕地、劣质地或者其他耕地的土壤改良。”
5. ABCD，解析：根据《基本农田保护条例》第17条规定：“禁止任何单位和个人在基本农田保护区内建窑、建房、建坟、挖砂、采石、采矿、取土、堆放固体废弃物或者进行其他破坏基本农田的活动。”
6. AD，解析：根据《基本农田保护条例》第25条规定：“向基本农田保护区提供肥料和作为肥料的城市垃圾、污泥的，应当符合国家有关标准。”

（四）填空题

1. 地方各级人民政府。（《基本农田保护条例》第14条）
2. 占多少、垦多少。（《基本农田保护条例》第16条第1款规定）
3. 村民委员会。（《基本农田保护条例》第21条）
4. 施肥效益。（《基本农田保护条例》第22条）
5. 国务院。（《基本农田保护条例》第24条）

（五）简答题

1. 答：根据《基本农田保护条例》第10条规定，下列耕地应当划入基本农田保护区，严格管理：（1）经国务院有关主管部门或者县级以上地方人民政府批准确定的粮、棉、油生产基地内的耕地；（2）有良好的水利与水土保持设施的耕地，正在实施改造计划以及可以改造的中、低产田；（3）蔬菜生产基地；（4）农业科研、教学试验田。根据土地利用总体规划，铁路、公路等交通沿线，城市和村庄、集镇建设用地区周边的耕地，应当优先划入基本农田保护区；需要退耕还林、还牧、还湖的耕地，不应当划入基本农田保护区。
2. 答：根据《基本农田保护条例》第27条第2款规定，基本农田保护责任书应当包括下列内容：（1）基本农田的范围、面积、地块；（2）基本农田的地力等级；（3）保护措施；（4）当事人的权利与义务；（5）奖励与处罚。

3. 答：根据《基本农田保护条例》第30条规定，违反本条例规定，有下列行为之一的，依照《土地管理法》和《土地管理法实施条例》的有关规定，从重给予处罚：（1）未经批准或者采取欺骗手段骗取批准，非法占用基本农田的；（2）超过批准数量，非法占用基本农田的；（3）非法批准占用基本农田的；（4）买卖或者以其他形式非法转让基本农田的。

二十六、农业保险条例

（一）判断题

1. 农业保险实行政府引导、市场运作、自主自愿和协同推进的原则。(　　)
2. 财政、保险监督管理、国土资源、农业、林业、气象等有关部门、机构应当建立农业保险相关信息的共享机制。(　　)
3. 农民或者农业生产经营组织投保的农业保险标的属于财政给予保险费补贴范围的，由财政部门按照规定给予保险费补贴，具体办法由国务院财政部门商国务院农业、林业主管部门和保险监督管理机构制定。(　　)
4. 国家鼓励地方人民政府采取由国家财政给予保险费补贴等措施，支持发展企业保险。(　　)

（二）单项选择题

1. 保险机构应当在与被保险人达成赔偿协议后(　　)日内，将应赔偿的保险金支付给被保险人。

A. 3　　B. 5

C. 7　　D. 10

2. 保险机构不符合本条例第 17 条第 1 款规定条件经营农业保险业务的，由保险监督管理机构责令限期改正，停止接受新业务；逾期不改正或者造成严重后果的，可以处(　　)元罚款。

A. 3 万　　B. 5 万

C. 7 万　　D. 15 万

3. 保险机构经营农业保险业务，编制或者提供虚假的报告、报表、文件、资料，可以处(　　)元罚款。

A. 10 万　　B. 5 万

C. 7 万　　D. 9 万

（三）多项选择题

1. 哪些机构应当建立农业保险相关信息的共享机制？（　　）

A. 保险监督管理机构　　B. 国土资源机构

C. 林业机构　　D. 气象机构

2. 以下哪些属于保险机构经营农业保险业务应该满足的条件？（　　）

A. 有完善的基层服务网络

B. 有专门的农业保险经营部门

C. 有稳健的农业再保险

D. 大灾风险安排以及风险应对预案

3. 根据《农业保险条例》，以下哪些行为应该被禁止？（　　）

A. 虚增保险标的　　B. 以同一保险标的进行多次投保

C. 虚列费用　　D. 挪用保险金

（四）填空题

1. 县级以上地方人民政府统一____、____、____本行政区域的农业保险工作，建立健全推进农业保险发展的工作机制。
2. 国务院有关部门、机构和地方各级人民政府及其有关部门应当采取多种形式，加强对农业保险的宣传，提高农民和农业生产经营组织的____，组织引导农民和农业生产经营组织积极参加____。
3. 农民或者农业生产经营组织投保的农业保险标的属于财政给予保险费补贴范围的，由按照____规定给予保险费补贴，具体办法由国务院财政部门商国务院农业、林业主管部门和保险监督管理机构制定。
4. 农业保险可以由____、农业生产经营组织自行投保，也可以由农业生产经营组织、____等单位组织农民投保。

（五）简答题

简述保险机构经营农业保险业务应当符合的条件。

参考答案

（一）判断题

1. √，解析：根据《农业保险条例》第 3 条第 2 款规定。
2. √，解析：根据《农业保险条例》第 4 条第 2 款规定。
3. √，解析：根据《农业保险条例》第 7 条第 1 款规定。
4. ×，解析：根据《农业保险条例》第 7 条第 2 款规定："国家鼓励地方人民政府采取由地方财政给予保险费补贴等措施，支持发展农业保险。"

（二）单项选择题

1. D，解析：根据《农业保险条例》第 14 条规定：保险机构应当在与被保险人达成赔偿协议后 10 日内，将应赔偿的保险金支付给被保险人。农业保险合同对赔偿保险金的期限有约定的，保险机构应当按照约定履行赔偿保险金义务。
2. D，解析：根据《农业保险条例》第 26 条规定，保险机构不符合本条例第 17 条第 1 款规定条件经营农业保险业务的，由保险监督管理机构责令限期改正，停止接受新业务；逾期不改正或者造成严重后果的，处 10 万元以上 50 万元以下的罚款，可以责令停业整顿或者吊销经营保险业务许可证。保险机构以外的其他组织或者个人非法经营农业保险业务的，由保险监督管理机构予以取缔，没收违法所得，并处违法所得 1 倍以上 5 倍以下的罚款；没有违法所得或者违法所得不足 20 万元的，处 20 万元以上 100 万元以下的罚款。
3. A，解析：根据《农业保险条例》第 27 条规定，保险机构经营农业保险业务，有下列行为之一的，由保险监督管理机构责令改正，处 10 万元以上 50 万元以下的罚款；情节严重的，可以限制其业务范围、责令停止接受新业务：（1）编制或者提供虚假的报告、报表、文件、资料；（2）拒绝或者妨碍依法监督检查；（3）未按照规定使用经批准或者备案的农业保险条款、保险费率。

（三）多项选择题

1. ABCD，解析：根据《农业保险条例》第 4 条规定，国务院保险监督管理机构对农业保险业务实施监督管理。国务院财政、农业、林业、发展改革、税务、民政等有关部门按照各自的职责，负责农业保险推进、管理的相关工作。财政、保险监督管理、国土资源、农业、林业、气象等有关部门、机构应当建立农业保险相关信息的共享机制。

2. ABCD，解析：根据《农业保险条例》第 17 条规定，保险机构经营农业保险业务，应当符合下列条件：（1）有完善的基层服务网络；（2）有专门的农业保险经营部门并配备相应的专业人员；（3）有完善的农业保险内控制度；（4）有稳健的农业再保险和大灾风险安排以及风险应对预案；（5）偿付能力符合国务院保险监督管理机构的规定；（6）国务院保险监督管理机构规定的其他条件。除保险机构外，任何单位和个人不得经营农业保险业务。
3. ABCD，解析：根据《农业保险条例》第 23 条规定，保险费补贴的取得和使用，应当遵守依照本条例第七条制定的具体办法的规定。禁止以下列方式或者其他任何方式骗取农业保险的保险费补贴：（1）虚构或者虚增保险标的或者以同一保险标的进行多次投保；（2）以虚假理赔、虚列费用、虚假退保或者截留、挪用保险金、挪用经营费用等方式冲销投保人应缴的保险费或者财政给予的保险费补贴。

（四）填空题

1. 领导；组织；协调。（《农业保险条例》第 5 条）
2. 保险意识；农业保险。（《农业保险条例》第 6 条）
3. 财政部门。（《农业保险条例》第 7 条）
4. 农民；村民委员会。（《农业保险条例》第 10 条第 1 款）

（五）简答题

答：根据《农业保险条例》第 17 条规定："保险机构经营农业保险业务，应当符合下列条件：（一）有完善的基层服务网络；（二）有专门的农业保险经营部门并配备相应的专业人员；（三）有完善的农业保险内控制度；（四）有稳健的农业再保险和大灾风险安排以及风险应对预案；（五）偿付能力符合国务院保险监督管理机构的规定；（六）国务院保险监督管理机构规定的其他条件。"

二十七、农村五保供养工作条例

（一）判断题

1. 农村五保供养，是指依照本条例规定，在吃、穿、住、医、葬方面给予村民的生活照顾和物质帮助。（　　）
2. 国务院农业农村部门主管全国的农村五保供养工作；乡级以上地方各级人民政府民政部门主管本行政区域内的农村五保供养工作。（　　）
3. 老年、残疾或者未满18周岁的村民，无劳动能力、无生活来源又无法定赡养、抚养、扶养义务人，或者其法定赡养、抚养、扶养义务人无赡养、抚养、扶养能力的，享受农村五保供养待遇。（　　）
4. 享受农村五保供养待遇，应当由村民本人向村民委员会提出申请；因年幼或者智力残疾无法表达意愿的，由村民小组或者其他村民代为提出申请。（　　）

（二）单项选择题

1. 农村五保供养对象已满（　　）周岁仍在接受义务教育的，应当保障他们依法接受义务教育所需费用。

   A. 13　　B. 14

   C. 15　　D. 16

2. 农村五保供养的标准是：（　　）

   A. 不得高于当地村民的平均生活水平

   B. 不得低于当地村民的平均生活水平

   C. 适当考虑交通费用

   D. 适当考虑水电气费用

3. 农村五保供养的审批机构是：（　　）

   A. 县级人民政府　　B. 乡镇人民政府

C. 县级民政部门　　　　　　　D. 乡镇民政部门

4. 按照《农村五保供养工作条例》的相关规定，(　　)应当依法加强对农村五保供养工作的监督管理。

A. 乡镇以上人民政府民政部门　　B. 乡级以上人民政府

C. 县级以上人民政府　　　　　　D. 县级民政部门

(三) 多项选择题

按照《农村五保供养工作条例》的相关规定，下列说法正确的是：(　　)

A. 乡、民族乡、镇人民政府应当与村民委员会或者农村五保供养服务机构签订供养服务协议，保证农村五保供养对象享受符合要求的供养

B. 村民委员会可以委托村民对分散供养的农村五保供养对象提供照料

C. 县级以上人民政府应当依法加强对农村五保供养工作的监督管理。县级以上地方各级人民政府民政部门和乡、民族乡、镇人民政府应当制定农村五保供养工作的管理制度，并负责督促实施

D. 财政部门应当按时足额拨付农村五保供养资金，确保资金到位，并加强对资金使用情况的监督管理

(四) 填空题

1. 农村五保供养对象可以在当地的农村五保供养服务机构____，也可以在家____。农村五保供养对象可以____供养形式。
2. 农村五保供养待遇的申请条件、程序、____情况以及农村五保供养的____使用情况等，应当向社会公告，接受社会监督。
3. 本条例所称农村五保供养，是指依照本条例规定，在吃、穿、住、医、葬方面给予村民的____，____。

(五) 简答题

简述农村五保供养包括的供养内容。

参考答案

（一）判断题

1. √，解析：根据《农村五保供养工作条例》第 2 条规定。
2. ×，解析：根据《农村五保供养工作条例》第 3 条规定，国务院民政部门主管全国的农村五保供养工作；县级以上地方各级人民政府民政部门主管本行政区域内的农村五保供养工作。乡、民族乡、镇人民政府管理本行政区域内的农村五保供养工作。村民委员会协助乡、民族乡、镇人民政府开展农村五保供养工作。
3. ×，解析：根据《农村五保供养工作条例》第 6 条规定，老年、残疾或者未满 16 周岁的村民，无劳动能力、无生活来源又无法定赡养、抚养、扶养义务人，或者其法定赡养、抚养、扶养义务人无赡养、抚养、扶养能力的，享受农村五保供养待遇。
4. √，解析：根据《农村五保供养工作条例》第 7 条第 1 款规定。

（二）单项选择题

1. D，解析：根据《农村五保供养工作条例》第 9 条第 2 款规定："农村五保供养对象未满 16 周岁或者已满 16 周岁仍在接受义务教育的，应当保障他们依法接受义务教育所需费用。农村五保供养对象的疾病治疗，应当与当地农村合作医疗和农村医疗救助制度相衔接。"
2. B，解析：根据《农村五保供养工作条例》第 10 条规定，村五保供养标准不得低于当地村民的平均生活水平，并根据当地村民平均生活水平的提高适时调整。农村五保供养标准，可以由省、自治区、直辖市人民政府制定，在本行政区域内公布执行，也可以由设区的市级或者县级人民政府制定，报所在的省、自治区、直辖市人民政府备案后公布执行。国务院民政部门、国务院财政部门应当加强对农村五保供养标准制定工作的指导。
3. C，解析：根据《农村五保供养工作条例》第 7 条规定，享受农村五保供养待遇，应当由村民本人向村民委员会提出申请；因年幼或者智力残疾无法表达意愿的，由村民小组或者其他村民代为提出申请。经村民委员会民主评议，对符合本条例第六条规定条件的，在本村范围内公告；无重大异议的，由村民委员会将评议意见和有关材料报送乡、民族乡、镇人民政府审核。乡、民族乡、镇人民政府应当自收到评议意见之日起 20 日内提出审核意见，并将审核意见和有关材料报送县级人民政府民政部门审批。县级人民政府民政部门应当自收到审核意见和有关材料之日起20日内作出审批决定。对批准给予农村五保供养待遇的，发给《农村五保供养证书》；对不符合条件不予批准的，应当书面说明理由。乡、民族乡、镇人民政府应当对申请人的家庭状况和经济条件进行调查核实；必要时，县级人民政府民政部门可以进行复核。申请人、有关组织或者个人应当配合、接受调查，如实提供有关情况。

4. C，解析：根据《农村五保供养工作条例》第18条规定，县级以上人民政府应当依法加强对农村五保供养工作的监督管理。县级以上地方各级人民政府民政部门和乡、民族乡、镇人民政府应当制定农村五保供养工作的管理制度，并负责督促实施。

（三）多项选择题

ABCD，解析：根据《农村五保供养工作条例》第17条规定，乡、民族乡、镇人民政府应当与村民委员会或者农村五保供养服务机构签订供养服务协议，保证农村五保供养对象享受符合要求的供养。村民委员会可以委托村民对分散供养的农村五保供养对象提供照料。第18条规定，县级以上人民政府应当依法加强对农村五保供养工作的监督管理。县级以上地方各级人民政府民政部门和乡、民族乡、镇人民政府应当制定农村五保供养工作的管理制度，并负责督促实施。第19条规定，财政部门应当按时足额拨付农村五保供养资金，确保资金到位，并加强对资金使用情况的监督管理。

（四）填空题

1. 集中供养；分散供养；自行选择。（《农村五保供养工作条例》第12条）
2. 民主评议；标准和资金。（《农村五保供养工作条例》第20条）
3. 生活照顾和物质帮助。（《农村五保供养工作条例》第2条）

（五）简答题

答：根据《农村五保供养工作条例》第9条规定，农村五保供养包括下列供养内容：（1）供给粮油、副食品和生活用燃料；（2）供给服装、被褥等生活用品和零用钱；（3）提供符合基本居住条件的住房；（4）提供疾病治疗，对生活不能自理的给予照料；（5）办理丧葬事宜。农村五保供养对象未满16周岁或者已满16周岁仍在接受义务教育的，应当保障他们依法接受义务教育所需费用。

二十八、土壤污染防治法

（一）判断题

1. 土壤污染，是指因人为因素导致某种物质进入陆地表层土壤，引起土壤化学、物理、生物等方面特性的改变，影响土壤功能和有效利用，危害公众健康或者破坏生态环境的现象。（　　）
2. 土壤污染防治应当坚持预防为主、保护优先、分类管理、风险管控、污染担责、公众参与的原则。（　　）
3. 土地使用权人从事土地开发利用活动，企业事业单位和其他生产经营者从事生产经营活动，可以采取必要措施，防止、减少土壤污染，对难免造成的土壤污染不需承担责任。（　　）
4. 国务院统一领导全国土壤污染状况普查。国务院生态环境主管部门会同国务院农业农村、自然资源、住房城乡建设、林业草原等主管部门，每20年至少组织开展一次全国土壤污染状况普查。（　　）
5. 农业投入品生产者、销售者和使用者不需及时回收农药、肥料等农业投入品的包装废弃物和农用薄膜，并将农药包装废弃物交由专门的机构或者组织进行无害化处理。（　　）
6. 县级以上地方人民政府及其有关部门应当按照土地利用总体规划和城乡规划，严格执行相关行业企业布局选址要求，禁止在居民区和学校、医院、疗养院、养老院等单位周边新建、改建、扩建可能造成土壤污染的建设项目。（　　）
7. 禁止将重金属或者其他有毒有害物质含量超标的工业固体废物、生活垃圾或者污染土壤用于土地复垦。（　　）
8. 对产出的农产品污染物含量超标，需要实施修复的农用地地块，土壤污染责任人应当编制修复方案，报地方人民政府农业农村、林业草原主管部门备案并实施。（　　）

9. 土壤污染重点监管单位生产经营用地的用途变更或者在其土地使用权收回、转让前，应当由土地使用权人按照规定进行土壤污染状况调查。土壤污染状况调查报告只需作为不动产登记资料送交地方人民政府不动产登记机构。(　　)

（二）单项选择题

1. (　　) 人民政府应当将土壤污染防治工作纳入国民经济和社会发展规划、环境保护规划。

A. 县级以上　　B. 乡级以上

C. 市级以上　　D. 省级以上

2. 对建设用地土壤污染风险管控和修复名录中的地块，地方人民政府生态环境主管部门不可以根据实际情况采取下列哪种风险管控措施：(　　)

A. 提出划定隔离区域的建议，报本级人民政府批准后实施

B. 进行土壤污染状况监测

C. 进行地下水污染状况监测

D. 对污染责任人实施抓捕

3. 县级以上人民政府应当将土壤污染防治情况纳入环境状况和环境保护目标完成情况年度报告，向（　　）报告。

A. 本级人民代表大会或者人民代表大会常务委员会

B. 上级人民代表大会或者人民代表大会常务委员会

C. 上级人民政府

D. 国务院有关主管部门

4. 地方各级人民政府、生态环境主管部门或者其他负有土壤污染防治监督管理职责的部门未依照本法规定履行职责的，对（　　）依法给予处分。

A. 直接负责的主管人员

B. 直接责任人员

C. 直接负责的主管人员和其他直接责任人员

D. 所有相关人员

（三）多项选择题

1. 土壤污染防治应当坚持预防为主、保护优先、（　　）的原则。

A. 分类管理　　B. 风险管控

C. 污染担责　　D. 公众参与

2. 地方人民政府生态环境主管部门应当会同自然资源主管部门对（　　）建设用地地块进行重点监测。

A. 曾用于生产、使用、贮存、回收、处置有毒有害物质的

B. 曾用于固体废物堆放、填埋的

C. 曾发生过重大、特大污染事故的

D. 国务院生态环境、自然资源主管部门规定的其他情形

3. 国家鼓励和支持农业生产者采取的措施有：（　　）

A. 使用低毒、低残留农药以及先进喷施技术

B. 使用符合标准的有机肥、高效肥

C. 采用测土配方施肥技术、生物防治等病虫害绿色防控技术

D. 使用生物可降解农用薄膜

4. 土壤污染风险评估报告应当主要包括：（　　）

A. 主要污染物状况

B. 土壤及地下水污染范围

C. 农产品质量安全风险、公众健康风险或者生态风险

D. 风险管控、修复的目标和基本要求等

5. 各级人民政府应当加强对土壤污染的防治，安排必要的资金用于：（　　）

A. 土壤污染防治的科学技术研究开发、示范工程和项目

B. 各级人民政府及其有关部门组织实施的土壤污染状况普查、监测、调查和土壤污染责任人认定、风险评估、风险管控、修复等活动

C. 各级人民政府及其有关部门对涉及土壤污染的突发事件的应急处置

D. 各级人民政府规定的涉及土壤污染防治的其他事项

（四）填空题

1. 为了保护和改善生态环境，防治土壤污染，保障公众健康，推动____，推进____，促进经济社会可持续发展，制定中华人民共和国土壤污染防治法。
2. 禁止生产、销售、使用国家明令禁止的农业投入品。农业投入品____、____和____应当及时回收农药、肥料等农业投入品的包装废弃物和农用薄膜，并将农药包装废弃物交由专门的机构或者组织进行____。
3. 国家加强对土壤资源的保护和合理利用。对开发建设过程中剥离的表土，应当单独收集和存放，符合条件的应当优先用于____、____、____等。
4. 国家采取有利于土壤污染防治的____、____、____、____等经济政策和措施。

参考答案

（一）判断题

1. √，解析：根据《土壤污染防治法》第 2 条规定。
2. √，解析：根据《土壤污染防治法》第 3 条规定。
3. ×，解析：根据《土壤污染防治法》第 4 条规定："任何组织和个人都有保护土壤、防止土壤污染的义务。土地使用权人从事土地开发利用活动，企业事业单位和其他生产经营者从事生产经营活动，应当采取有效措施，防止、减少土壤污染，对所造成的土壤污染依法承担责任。"
4. ×，解析：根据《土壤污染防治法》第 14 条规定："国务院统一领导全国土壤污染状况普查。国务院生态环境主管部门会同国务院农业农村、自然资源、住房城乡建设、林业草原等主管部门，每十年至少组织开展一次全国土壤污染状况普查。国务院有关部门、设区的市级以上地方人民政府可以根据本行业、本行政区域实际情况组织开展土壤污染状况详查。"
5. ×，解析：根据《土壤污染防治法》第 30 条规定："禁止生产、销售、使用国家明令禁止的农业投入品。农业投入品生产者、销售者和使用者应当及时回收农药、肥料等农业投入品的包装废弃物和农用薄膜，并将农药包装废弃物交由专门的机构或者组织进行无害化处理。具体办法由国务院农业农村主管部门会同国务院生态环境等主管部门制定。国家采取措施，鼓励、支持单位和个人回收农业投入品包装废弃物和农用薄膜。”

6. √，解析：根据《土壤污染防治法》第32条规定。

7. √，解析：根据《土壤污染防治法》第33条规定。

8. √，解析：根据《土壤污染防治法》第57条规定。

9. ×，解析：根据《土壤污染防治法》第67条规定：“土壤污染重点监管单位生产经营用地的用途变更或者在其土地使用权收回、转让前，应当由土地使用权人按照规定进行土壤污染状况调查。土壤污染状况调查报告应当作为不动产登记资料送交地方人民政府不动产登记机构，并报地方人民政府生态环境主管部门备案。”

（二）单项选择题

1. A，解析：根据《土壤污染防治法》第11条规定：“县级以上人民政府应当将土壤污染防治工作纳入国民经济和社会发展规划、环境保护规划。设区的市级以上地方人民政府生态环境主管部门应当会同发展改革、农业农村、自然资源、住房城乡建设、林业草原等主管部门，根据环境保护规划要求、土地用途、土壤污染状况普查和监测结果等，编制土壤污染防治规划，报本级人民政府批准后公布实施。”

2. D，解析：根据《土壤污染防治法》第63条规定：“对建设用地土壤污染风险管控和修复名录中的地块，地方人民政府生态环境主管部门可以根据实际情况采取下列风险管控措施：（一）提出划定隔离区域的建议，报本级人民政府批准后实施；（二）进行土壤及地下水污染状况监测；（三）其他风险管控措施。”

3. A，解析：根据《土壤污染防治法》第75条规定：“县级以上人民政府应当将土壤污染防治情况纳入环境状况和环境保护目标完成情况年度报告，向本级人民代表大会或者人民代表大会常务委员会报告。”

4. C，解析：根据《土壤污染防治法》第85条规：“地方各级人民政府、生态环境主管部门或者其他负有土壤污染防治监督管理职责的部门未依照本法规定履行职责的，对直接负责的主管人员和其他直接责任人员依法给予处分。依照本法规定应当作出行政处罚决定而未作出的，上级主管部门可以直接作出行政处罚决定。”

（三）多项选择题

1. ABCD，解析：根据《土壤污染防治法》第3条规定：“土壤污染防治应当坚持预防为主、保护优先、分类管理、风险管控、污染担责、公众参与的原则。

2. ABCD，解析：根据《土壤污染防治法》第 17 条规定，地方人民政府生态环境主管部门应当会同自然资源主管部门对下列建设用地地块进行重点监测：（一）曾用于生产、使用、贮存、回收、处置有毒有害物质的；（二）曾用于固体废物堆放、填埋的；（三）曾发生过重大、特大污染事故的；（四）国务院生态环境、自然资源主管部门规定的其他情形。”

3. ABCD，解析：根据《土壤污染防治法》第 29 条规定：“国家鼓励和支持农业生产者采取下列措施：（一）使用低毒、低残留农药以及先进喷施技术；（二）使用符合标准的有机肥、高效肥；（三）采用测土配方施肥技术、生物防治等病虫害绿色防控技术；（四）使用生物可降解农用薄膜；（五）综合利用秸秆、移出高富集污染物秸秆；（六）按照规定对酸性土壤等进行改良。”

4. ABCD，解析：根据《土壤污染防治法》第 37 条规定：“实施土壤污染风险评估活动，应当编制土壤污染风险评估报告。土壤污染风险评估报告应当主要包括下列内容：（一）主要污染物状况；（二）土壤及地下水污染范围；（三）农产品质量安全风险、公众健康风险或者生态风险；（四）风险管控、修复的目标和基本要求等。”

5. ABCD，解析：根据《土壤污染防治法》第 70 条规定：“各级人民政府应当加强对土壤污染的防治，安排必要的资金用于下列事项：（一）土壤污染防治的科学技术研究开发、示范工程和项目；（二）各级人民政府及其有关部门组织实施的土壤污染状况普查、监测、调查和土壤污染责任人认定、风险评估、风险管控、修复等活动；（三）各级人民政府及其有关部门对涉及土壤污染的突发事件的应急处置；（四）各级人民政府规定的涉及土壤污染防治的其他事项。使用资金应当加强绩效管理和审计监督，确保资金使用效益。”

（四）填空题

1. 土壤资源永续利用；生态文明建设。（《土壤污染防治法》第 1 条）
2. 生产者；销售者；使用者；无害化处理。（《土壤污染防治法》第 30 条）
3. 土地复垦；土壤改良；造地和绿化。（《土壤污染防治法》第 33 条）
4. 财政；税收；价格；金融。（《土壤污染防治法》第 69 条）

二十九、环境保护法

（一）判断题

1. 各级人民政府应当加强环境保护宣传和普及工作，鼓励基层群众性自治组织、社会组织、环境保护志愿者开展环境保护法律法规和环境保护知识的宣传，营造保护环境的良好风气。（　　）
2. 县级以上地方人民政府环境保护主管部门会同有关部门，根据国家环境保护规划的要求，编制本行政区域的环境保护规划，报上一级环境保护主管部门批准并公布实施。（　　）
3. 未依法进行环境影响评价的开发利用规划，不得组织实施；未依法进行环境影响评价的建设项目，不得开工建设。（　　）
4. 省、自治区、直辖市人民政府对国家环境质量标准中未作规定的项目，可以制定地方环境质量标准；对国家环境质量标准中已作规定的项目，可以制定严于国家环境质量标准的地方环境质量标准。地方环境质量标准应当报国务院环境保护主管部门备案。（　　）
5. 国家实行重点污染物排放总量控制制度。重点污染物排放总量控制指标由国务院下达，省、市、县人民政府分解落实。（　　）

（二）单项选择题

1. 关于污染物排放标准，下列哪一项说法是错误的？（　　）

   A. 国务院环境保护主管部门制定国家污染物排放标准。

   B. 县级以上人民政府对国家污染物排放标准中未作规定的项目，可以制定地方污染物排放标准

   C. 对国家污染物排放标准中已作规定的项目，可以制定严于国家污染物排放标准的地方污染物排放标准

   D. 地方污染物排放标准应当报国务院环境保护主管部门备案

2. 关于排污费，下列说法不正确的是：(　　)

A. 排放污染物的企业事业单位和其他生产经营者应当缴纳

B. 排污费应当全部专项用于环境污染防治

C. 按照排污许可证的要求排放污染物可以免征排污费

D. 依照法律规定征收环境保护税的，不再重复征收

3. 应当由(　　)建立环境污染公共监测预警机制，组织制定预警方案。

A. 国务院

B. 省自治区直辖市政府

C. 市政府环保部门

D. 县级以上人民政府

4. 关于生态保护补偿制度，下列哪一说法是不正确的？(　　)

A. 国家加大对生态保护地区的财政转移支付力度

B. 有关地方人民政府应当落实生态保护补偿资金，确保其用于生态保护补偿

C. 必须按照市场规则进行生态保护补偿

D. 受益地区和生态保护地区人民政府均应在国家指导下进行生态保护补偿

(三) 多项选择题

1. 国家建立跨行政区域的重点区域、流域环境污染和生态破坏联合防治协调机制，实行(　　)措施。

A. 统一规划　　B. 统一标准

C. 统一监测　　D. 统一的防治措施

2. 国家在(　　)划定生态保护红线，实行严格保护。

A. 重点生态功能区

B. 重要的水源涵养区

C. 生态环境敏感区和脆弱区

D. 珍稀、濒危的野生动植物自然分布区域

3. 关于县级以上人民政府环境保护主管部门的职责，下列选项正确的是：(　　)

A. 依法公开环境质量、环境监测、突发环境事件

B. 环境行政许可、行政处罚、排污费的征收和使用情况等信息

C. 本行政区域环境保护工作实施统一监督管理

D. 查封、扣押造成污染物排放的设施、设备

4. 关于环境质量标准的制定，下列说法正确的是：(　　)

A. 国家环境质量标准由国务院环境保护主管部门制定

B. 省、自治区、直辖市可以对国家环境质量标准中未作规定的项目制定地方环境质量标准

C. 地方环境质量标准可以低于国家环境质量标准

D. 地方环境质量标准应当报上一级政府备案

5. 建设项目中防治污染的设施应当与主体工程(　　)。

A. 同时设计　　B. 同时审批

C. 同时施工　　D. 同时投产使用

(四) 填空题

1. 每年____月____日为环境日。

2. 国务院环境保护主管部门根据____和____，制定国家污染物排放标准。

3. 对超过国家重点污染物排放总量控制指标或者未完成国家确定的环境质量目标的地区，____人民政府环境保护主管部门应当____审批其新增重点污染物排放总量的建设项目环境影响评价文件。

4. 重点排污单位应当如实向社会公开其主要污染物的名称、____、排放浓度和总量、超标排放情况，以及____的建设和运行情况，接受社会监督。

5. 违反《环境保护法》规定，重点排污单位____或者____环境信息的，由县级以上地方人民政府环境保护主管部门责令公开，处以罚款，并予以公告。

(五) 简答题

简述国家重点污染物排放总量控制制度。

参考答案

（一）判断题

1. √，解析：根据《环境保护法》第 9 条第 1 规定。
2. ×，解析：根据《环境保护法》第 13 条第 3 款规定，县级以上地方人民政府环境保护主管部门会同有关部门，根据国家环境保护规划的要求，编制本行政区域的环境保护规划，报同级人民政府批准并公布实施。
3. √，解析：根据《环境保护法》第 19 条规定。
4. √，解析：根据《环境保护法》第 15 条第 2 款规定。
5. ×，解析：根据《环境保护法》第 44 条第 1 款规定，国家实行重点污染物排放总量控制制度。重点污染物排放总量控制指标由国务院下达，省、自治区、直辖市人民政府分解落实。

（二）单项选择题

1. B，解析：根据《环境保护法》第 16 条规定，国务院环境保护主管部门根据国家环境质量标准和国家经济、技术条件，制定国家污染物排放标准。省、自治区、直辖市人民政府对国家污染物排放标准中未作规定的项目，可以制定地方污染物排放标准；对国家污染物排放标准中已作规定的项目，可以制定严于国家污染物排放标准的地方污染物排放标准。地方污染物排放标准应当报国务院环境保护主管部门备案。
2. C，解析：根据《环境保护法》第 43 条规定，排放污染物的企业事业单位和其他生产经营者，应当按照国家有关规定缴纳排污费。排污费应当全部专项用于环境污染防治，任何单位和个人不得截留、挤占或者挪作他用。依照法律规定征收环境保护税的，不再征收排污费。A、B、D 项正确，故 C 项当选。
3. D，解析：根据《环境保护法》第 47 条第 2 款规定，县级以上人民政府应当建立环境污染公共监测预警机制，组织制定预警方案；环境受到污染，可能影响公众健康和环境安全时，依法及时公布预警信息，启动应急措施。C 项正确。
4. C，解析：根据《环境保护法》第 31 条规定，国家建立、健全生态保护补偿制度。国家加大对生态保护地区的财政转移支付力度。有关地方人民政府应当落实生态保护补偿资金，确保其用于生态保护补偿。国家指导受益地区和生态保护地区人民政府通过协商或者按照市场规则进行生态保护补偿。

（三）多项选择题

1. ABCD，解析：根据《环境保护法》第20条第1款规定，国家建立跨行政区域的重点区域、流域环境污染和生态破坏联合防治协调机制，实行统一规划、统一标准、统一监测、统一的防治措施。
2. AC，解析：根据《环境保护法》第29条第1款规定，国家在重点生态功能区、生态环境敏感区和脆弱区等区域划定生态保护红线，实行严格保护。
3. ABCD，解析：根据《环境保护法》第54条第2款规定，县级以上人民政府环境保护主管部门和其他负有环境保护监督管理职责的部门，应当依法公开环境质量、环境监测、突发环境事件以及环境行政许可、行政处罚、排污费的征收和使用情况等信息。A、B项正确。根据《环境保护法》第10条第1款规定，县级以上地方人民政府环境保护主管部门，对本行政区域环境保护工作实施统一监督管理。C项正确。根据《环境保护法》第25条规定，企业事业单位和其他生产经营者违反法律法规规定排放污染物，造成或者可能造成严重污染的，县级以上人民政府环境保护主管部门和其他负有环境保护监督管理职责的部门，可以查封、扣押造成污染物排放的设施、设备。D项正确。
4. AB，解析：根据《环境保护法》第15条规定，国务院环境保护主管部门制定国家环境质量标准。省、自治区、直辖市人民政府对国家环境质量标准中未作规定的项目，可以制定地方环境质量标准；对国家环境质量标准中已作规定的项目，可以制定严于国家环境质量标准的地方环境质量标准。地方环境质量标准应当报国务院环境保护主管部门备案。
5. ACD，解析：根据《环境保护法》第41条规定，建设项目中防治污染的设施，应当与主体工程同时设计、同时施工、同时投产使用。防治污染的设施应当符合经批准的环境影响评价文件的要求，不得擅自拆除或者闲置。

（四）填空题

1. 6；5。（《环境保护法》第12条）
2. 国家环境质量标准；国家经济、技术条件。（《环境保护法》第16条）
3. 省级以上；暂停。（《环境保护法》第44条）
4. 排放方式；防治污染设施。（《环境保护法》第55条）
5. 不公开；不如实公开。（《环境保护法》第62条）

（五）简答题

答：根据《环境保护法》第 44 条的规定，国家实行重点污染物排放总量控制制度。重点污染物排放总量控制指标由国务院下达，省、自治区、直辖市人民政府分解落实。企业事业单位在执行国家和地方污染物排放标准的同时，应当遵守分解落实到本单位的重点污染物排放总量控制指标。

对超过国家重点污染物排放总量控制指标或者未完成国家确定的环境质量目标的地区，省级以上人民政府环境保护主管部门应当暂停审批其新增重点污染物排放总量的建设项目环境影响评价文件。

三十、环境保护税法

（一）判断题

1. 依法设立的城乡污水集中处理、生活垃圾集中处理场所超过国家和地方规定的排放标准向环境排放应税污染物的，无需缴纳环境保护税。（　　）
2. 应税大气污染物和水污染物的具体适用税额的确定和调整，由省、自治区、直辖市人民政府统筹考虑本地区环境承载能力、污染物排放现状和经济社会生态发展目标要求，在《中华人民共和国环境保护税法》所附《环境保护税税目税额表》规定的税额幅度内提出，报人民代表大会常务委员会决定，并报全国人民代表大会常务委员会备案。（　　）
3. 每一排放口或者没有排放口的应税大气污染物，按照污染当量数从大到小排序，对前三项污染物征收环境保护税。（　　）
4. 县级以上地方人民政府应当建立税务机关、生态环境主管部门和其他相关单位分工协作工作机制，加强环境保护税征收管理，保障税款及时足额入库。（　　）
5. 纳税人应当向应税污染物排放地的税务机关申报缴纳环境保护税。（　　）
6. 环境保护税按月计算，按月申报缴纳。不能按固定期限计算缴纳的，可以按次申报缴纳。（　　）
7. 纳税人从事海洋工程向中华人民共和国管辖海域排放应税大气污染物、水污染物或者固体废物，申报缴纳环境保护税的具体办法，由国务院税务主管部门会同国务院生态环境主管部门规定。（　　）

（二）单项选择题

1. 不暂予免征环境保护税的情形有：（　　）

A. 依法设立的城乡污水集中处理、生活垃圾集中处理场所排放相应应税污染物，不超过国家和地方规定的排放标准的
B. 机动车、铁路机车、非道路移动机械、船舶和航空器等流动污染源排放应税污染物的
C. 纳税人综合利用的固体废物，符合国家和地方环境保护标准的
D. 规模化养殖排放应税污染物的

2. 税务机关发现纳税人的纳税申报数据资料异常或者纳税人未按照规定期限办理纳税申报的，可以提请生态环境主管部门进行复核，生态环境主管部门应当自收到税务机关的数据资料之日起（　　）内向税务机关出具复核意见。税务机关应当按照生态环境主管部门复核的数据资料调整纳税人的应纳税额。
A. 30　　B. 5
C. 15　　D. 10

（三）多项选择题

1. 不属于直接向环境排放污染物，不缴纳相应污染物的环境保护税的情形有：（　　）
A. 企业事业单位和其他生产经营者向依法设立的污水集中处理、生活垃圾集中处理场所排放应税污染物的
B. 企业事业单位和其他生产经营者向污水集中处理场所排放应税污染物的
C. 企业事业单位和其他生产经营者在符合国家和地方环境保护标准的设施、场所贮存或者处置固体废物的
D. 企业事业单位和其他生产经营者在符合国家和地方环境保护标准的设施、场所贮存或者放置固体废物的

2. 应税污染物的计税依据，按照(　　)方法确定。
A. 应税大气污染物按照污染物排放量折合的污染当量数确定
B. 应税水污染物按照污染物排放量折合的污染当量数确定
C. 应税固体废物按照固体废物的排放量确定
D. 应税噪声按照超过国家规定标准的分贝数确定

3. 应税大气污染物、水污染物、固体废物的排放量和噪声的分贝数，按照(   )方法和顺序计算。

A. 纳税人安装使用符合国家规定和监测规范的污染物自动监测设备的，按照污染物自动监测数据计算。

B. 纳税人未安装使用污染物自动监测设备的，按照监测机构出具的符合国家有关规定和监测规范的监测数据计算。

C. 因排放污染物种类多等原因不具备监测条件的，按照国务院生态环境主管部门规定的排污系数、物料衡算方法计算。

D. 不能按照本条第一项至第三项规定的方法计算的，按照省、自治区、直辖市人民政府生态环境主管部门规定的抽样测算的方法核定计算。

4. 环境保护税应纳税额按照(   )方法计算。

A. 应税大气污染物的应纳税额为污染当量数乘以具体适用税额

B. 应税水污染物的应纳税额为污染当量数乘以具体适用税额

C. 应税固体废物的应纳税额为固体废物排放量乘以具体适用税额

D. 应税噪声的应纳税额为超过国家规定标准的分贝数对应的具体适用税额

(四) 填空题

1.《中华人民共和国环境保护税法》所称应税污染物，是指其所附《环境保护税税目税额表》、《应税污染物和当量值表》规定的____、____、____和____。

2. 生态环境主管部门和税务机关应当建立涉税信息共享平台和工作配合机制。生态环境主管部门应当将排污单位的排污许可、污染物排放数据、环境违法和受行政处罚情况等环境保护相关信息，定期交送____。税务机关应当将纳税人的纳税申报、税款入库、减免税额、欠缴税款以及风险疑点等环境保护税____，定期交送____。

3. 纳税人按季申报缴纳的，应当自季度终了之日起____内，向税务机关办理纳税申报并缴纳税款。纳税人按次申报缴纳的，应当自纳税义务____起____内，向税务机关办理纳税申报并缴纳税款。

4. 依照规定核定计算污染物排放量的，由____会同生态环境主管部门核定污染物排放____、____和____。

5. 各级人民政府应当鼓励纳税人加大____投入，对纳税人用于____自动监测设备的投资予以____支持。

6. 直接向环境排放____的企业事业单位和其他生产经营者，除依照《中华人民共和国环境保护税法》规定缴纳____外，应当对所造成的损害依法承担责任。

参考答案

（一）判断题

1. ×，解析：根据《环境保护税法》第5条规定，依法设立的城乡污水集中处理、生活垃圾集中处理场所超过国家和地方规定的排放标准向环境排放应税污染物的，应当缴纳环境保护税。企业事业单位和其他生产经营者贮存或者处置固体废物不符合国家和地方环境保护标准的，应当缴纳环境保护税。
2. ×，解析：根据《环境保护税法》第6条规定，环境保护税的税目、税额，依照本法所附《环境保护税税目税额表》执行。应税大气污染物和水污染物的具体适用税额的确定和调整，由省、自治区、直辖市人民政府统筹考虑本地区环境承载能力、污染物排放现状和经济社会生态发展目标要求，在本法所附《环境保护税税目税额表》规定的税额幅度内提出，报同级人民代表大会常务委员会决定，并报全国人民代表大会常务委员会和国务院备案。
3. √，解析：根据《环境保护税法》第9条规定。
4. √，解析：根据《环境保护税法》第14条规定。
5. √，解析：根据《环境保护税法》第17条规定。
6. ×，解析：根据《环境保护税法》第18条规定，环境保护税按月计算，按季申报缴纳。不能按固定期限计算缴纳的，可以按次申报缴纳。纳税人申报缴纳时，应当向税务机关报送所排放应税污染物的种类、数量，大气污染物、水污染物的浓度值，以及税务机关根据实际需要要求纳税人报送的其他纳税资料。
7. √，解析：根据《环境保护税法》第22条规定。

（二）单项选择题

1. D，解析：根据《环境保护税法》第12条规定："下列情形，暂予免征环境保护税：（一）农业生产（不包括规模化养殖）排放应税污染物的；（二）机动车、铁路机车、非道路移动机械、船舶和航空器等流动污染源排放应税污染物的；（三）依法设立的城乡污水集中处理、生活垃圾集中处理场所排放相应应税污染物，不超过国家和地方规定的排放标准的；（四）纳税人综合利用的固体废物，符合国家和地方环境保护标准的；（五）国务院批准免税的其他情形。"

2. C，解析：根据《环境保护税法》第20条规定："税务机关发现纳税人的纳税申报数据资料异常或者纳税人未按照规定期限办理纳税申报的，可以提请生态环境主管部门进行复核，生态环境主管部门应当自收到税务机关的数据资料之日起十五日内向税务机关出具复核意见。税务机关应当按照生态环境主管部门复核的数据资料调整纳税人的应纳税额。"

（三）多项选择题

1. AC，解析：根据《环境保护税法》第4条规定："有下列情形之一的，不属于直接向环境排放污染物，不缴纳相应污染物的环境保护税：（一）企业事业单位和其他生产经营者向依法设立的污水集中处理、生活垃圾集中处理场所排放应税污染物的；（二）企业事业单位和其他生产经营者在符合国家和地方环境保护标准的设施、场所贮存或者处置固体废物的。"
2. ABCD，解析：根据《环境保护税法》第7条规定："应税污染物的计税依据，按照下列方法确定：（一）应税大气污染物按照污染物排放量折合的污染当量数确定；（二）应税水污染物按照污染物排放量折合的污染当量数确定；（三）应税固体废物按照固体废物的排放量确定；（四）应税噪声按照超过国家规定标准的分贝数确定。"
3. ABCD，解析：根据《环境保护税法》第10条规定："应税大气污染物、水污染物、固体废物的排放量和噪声的分贝数，按照下列方法和顺序计算：（一）纳税人安装使用符合国家规定和监测规范的污染物自动监测设备的，按照污染物自动监测数据计算；（二）纳税人未安装使用污染物自动监测设备的，按照监测机构出具的符合国家有关规定和监测规范的监测数据计算；（三）因排放污染物种类多等原因不具备监测条件的，按照国务院生态环境主管部门规定的排污系数、物料衡算方法计算；（四）不能按照本条第一项至第三项规定的方法计算的，按照省、自治区、直辖市人民政府生态环境主管部门规定的抽样测算的方法核定计算。"
4. ABCD，解析：根据《环境保护税法》第11条规定："环境保护税应纳税额按照下列方法计算：（一）应税大气污染物的应纳税额为污染当量数乘以具体适用税额；（二）应税水污染物的应纳税额为污染当量数乘以具体适用税额；（三）应税固体废物的应纳税额为固体废物排放量乘以具体适用税额；（四）应税噪声的应纳税额为超过国家规定标准的分贝数对应的具体适用税额。”

（四）填空题

1. 大气污染物；水污染物；固体废物；噪声。（《环境保护税法》第 3 条）
2. 税务机关；涉税信息；生态环境主管部门。（《环境保护税法》第 15 条）
3. 15 日；发生之日；15 日。（《中华人民共和国环境保护税法》第 19 条）
4. 税务机关；种类；数量；应纳税额。（《环境保护税法》第 21 条）
5. 环境保护建设；污染物；资金和政策。（《环境保护税法》第 24 条）
6. 应税污染物；环境保护税。（《环境保护税法》第 26 条）

三十一、反家庭暴力法

(一) 判断题

1. 家庭暴力是个人的责任，与国家无关。(　　)
2. 乡镇人民政府、街道办事处应当组织开展家庭暴力预防工作，居民委员会、村民委员会、社会工作服务机构应当予以配合协助。(　　)
3. 各级人民政府应当支持社会工作服务机构等社会组织开展心理健康咨询、家庭关系指导、家庭暴力预防知识教育等服务。(　　)
4. 家庭暴力受害人及其法定代理人、近亲属可以向加害人或者受害人所在单位、居民委员会、村民委员会、妇女联合会等单位投诉、反映或者求助。有关单位接到家庭暴力投诉、反映或者求助后，应当给予帮助、处理。(　　)
5. 家庭暴力情节较轻，依法不给予治安管理处罚的，公安机关不对其进行任何处罚。(　　)
6. 居民委员会、村民委员会、公安派出所应当对收到告诫书的加害人、受害人进行查访，监督加害人不再实施家庭暴力。(　　)
7. 法律援助机构可以依法为家庭暴力受害人提供法律援助。(　　)
8. 监护人实施家庭暴力严重侵害被监护人合法权益的，人民法院可以根据被监护人的近亲属、居民委员会、村民委员会、县级人民政府民政部门等有关人员或者单位的申请，依法撤销其监护人资格，另行指定监护人。(　　)
9. 当事人因遭受家庭暴力或者面临家庭暴力的现实危险，向公安机关申请人身安全保护令的，公安机关应当受理。(　　)
10. 人身安全保护令案件由申请人或者被申请人居住地、家庭暴力发生地的公安派出所管辖。(　　)
11. 申请人对驳回申请不服或者被申请人对人身安全保护令不服的，可以自

裁定生效之日起5日内向作出裁定的人民法院申请复议一次。(　　)

(二) 单项选择题

1. (　　)不参与负责反家庭暴力的工作。

A. 司法机关　　B. 社区医院

C. 居民委员会　　D. 人民政府有关部门

2. 学校、幼儿园、医疗机构、居民委员会、村民委员会、社会工作服务机构、救助管理机构、福利机构及其工作人员在工作中发现无民事行为能力人、限制民事行为能力人遭受或者疑似遭受家庭暴力的，应当(　　)。公安机关应当对报案人的信息予以保密。

A. 进行劝阻　　B. 熟视无睹

C. 及时向公安机关报案　　D. 帮助弱势一方

3. 无民事行为能力人、限制民事行为能力人因家庭暴力身体受到严重伤害、面临人身安全威胁或者处于无人照料等危险状态的，公安机关应当(　　)。

A. 协助就医、鉴定伤情

B. 交由其他监护人照顾

C. 交由妇联组织负责照料看护

D. 通知并协助民政部门将其安置到临时庇护场所、救助管理机构或者福利机构

4. (　　)不可以成为人民法院审理涉及家庭暴力的案件的证据，认定家庭暴力事实。

A. 公安机关出警记录　　B. 受害人陈述

C. 告诫书　　D. 伤情鉴定意见

5. 当事人是无民事行为能力人、限制民事行为能力人，或者因受到强制、威吓等原因无法申请人身安全保护令的，(　　)不可以代为申请。

A. 人民法院　　B. 居民委员会

C. 其近亲属　　D. 公安机关

6. 负有反家庭暴力职责的(　　)玩忽职守、滥用职权、徇私舞弊的，依法给予处分；构成犯罪的，依法追究刑事责任。

A. 国家工作人员　　B. 人民法官
C. 人民检察官　　D. 人民警察

（三）多项选择题

1. （　　）属于家庭暴力的范畴。
A. 殴打　　B. 捆绑
C. 限制人身自由　　D. 恐吓
2. 反家庭暴力法中（　　）应当给予特殊保护。
A. 未成年人　　B. 老年人
C. 残疾人　　D. 妇女
3. （　　）应当开展家庭美德和反家庭暴力宣传的工作。
A. 广播　　B. 电视
C. 报刊　　D. 网络
4. 作出人身安全保护令，应当具备的条件有：（　　）
A. 有被家暴前科
B. 有明确的被申请人
C. 有具体的请求
D. 有遭受家庭暴力或者面临家庭暴力现实危险的情形
5. 人身安全保护令可以包括：（　　）
A. 禁止被申请人实施家庭暴力
B. 禁止被申请人骚扰、跟踪、接触申请人及其相关近亲属
C. 责令被申请人迁出申请人住所
D. 保护申请人人身安全的其他措施
6. 人民法院作出人身安全保护令后，应当送达（　　）。
A. 申请人　　B. 被申请人
C. 公安机关　　D. 居民委员会、村民委员会

（四）填空题

1. 国家____家庭美德宣传教育，____反家庭暴力知识，____公民反家庭暴力意识。

2. 人民调解组织应当依法调解家庭纠纷，____和____家庭暴力的发生。
3. 未成年人的____应当以文明的方式进行家庭教育，依法履行____和____职责，不得实施家庭暴力。
4. 县级或者设区的市级人民政府可以单独或者依托救助管理机构设立____，为家庭暴力受害人提供____生活帮助。
5. 工会、共产主义青年团、妇女联合会、残疾人联合会、居民委员会、村民委员会等应当对实施家庭暴力的加害人进行____，必要时可以对加害人、受害人进行____。
6. 申请人身安全保护令应当以____提出。
7. 人身安全保护令由____以____形式作出。
8. 人民法院受理申请后，应当在 72 小时内作出____或者____申请；情况紧急的，应当在 24 小时内作出。
9. 人身安全保护令的有效期不超过 6 个月，自作出之日起生效。人身安全保护令失效前，人民法院可以根据申请人的申请____、____或者____。
10. 加害人实施家庭暴力，构成违反治安管理行为的，依法给予____；构成犯罪的，依法追究____。
11. 被申请人违反人身安全保护令，构成犯罪的，依法追究____；尚不构成犯罪的，人民法院应当给予____，可以根据情节轻重处以 1000 元以下罚款、15 日以下____。

参考答案

（一）判断题

1. ×，解析：根据《反家庭暴力法》第 3 条规定，家庭成员之间应当互相帮助，互相关爱，和睦相处，履行家庭义务。反家庭暴力是国家、社会和每个家庭的共同责任。国家禁止任何形式的家庭暴力。
2. √，解析：根据《反家庭暴力法》第 8 条规定。
3. √，解析：根据《反家庭暴力法》第 9 条规定。
4. √，解析：根据《反家庭暴力法》第 13 条规定。
5. ×，解析：根据《反家庭暴力法》第 16 条规定，家庭暴力情节较轻，依法不给予治安管理处罚的，由公安机关对加害人给予批评教育或者出具告诫书。告诫书应当包括加害人的身份信息、家庭暴力的事实陈述、禁止加害人实施家庭暴力等内容。

6. √，解析：根据《反家庭暴力法》第 17 条规定。
7. ×，解析：根据《反家庭暴力法》第 19 条规定，法律援助机构应当依法为家庭暴力受害人提供法律援助。人民法院应当依法对家庭暴力受害人缓收、减收或者免收诉讼费用。
8. √，解析：根据《反家庭暴力法》第 21 条规定。
9. ×，解析：根据《反家庭暴力法》第 23 条规定，当事人因遭受家庭暴力或者面临家庭暴力的现实危险，向人民法院申请人身安全保护令的，人民法院应当受理。当事人是无民事行为能力人、限制民事行为能力人，或者因受到强制、威吓等原因无法申请人身安全保护令的，其近亲属、公安机关、妇女联合会、居民委员会、村民委员会、救助管理机构可以代为申请。
10. ×，解析：根据《反家庭暴力法》第 25 条，人身安全保护令案件由申请人或者被申请人居住地、家庭暴力发生地的基层人民法院管辖。
11. √，解析：根据《反家庭暴力法》第 31 条。

（二）单项选择题

1. B，解析：根据《反家庭暴力法》第 4 条规定："县级以上人民政府有关部门、司法机关、人民团体、社会组织、居民委员会、村民委员会、企业事业单位，应当依照本法和有关法律规定，做好反家庭暴力工作。"
2. C，解析：根据《反家庭暴力法》第 14 条规定："学校、幼儿园、医疗机构、居民委员会、村民委员会、社会工作服务机构、救助管理机构、福利机构及其工作人员在工作中发现无民事行为能力人、限制民事行为能力人遭受或者疑似遭受家庭暴力的，应当及时向公安机关报案。公安机关应当对报案人的信息予以保密。"
3. D，解析：根据《反家庭暴力法》第 15 条规定："无民事行为能力人、限制民事行为能力人因家庭暴力身体受到严重伤害、面临人身安全威胁或者处于无人照料等危险状态的，公安机关应当通知并协助民政部门将其安置到临时庇护场所、救助管理机构或者福利机构。"
4. B，解析：根据《反家庭暴力法》第 20 条规定："人民法院审理涉及家庭暴力的案件，可以根据公安机关出警记录、告诫书、伤情鉴定意见等证据，认定家庭暴力事实。"

5. A，解析：根据《反家庭暴力法》第 22 条规定："当事人是无民事行为能力人、限制民事行为能力人，或者因受到强制、威吓等原因无法申请人身安全保护令的，其近亲属、公安机关、妇女联合会、居民委员会、村民委员会、救助管理机构可以代为申请。"
6. A，解析：根据《反家庭暴力法》第 36 条规定："负有反家庭暴力职责的国家工作人员玩忽职守、滥用职权、徇私舞弊的，依法给予处分；构成犯罪的，依法追究刑事责任。"

（三）多项选择题

1. ABCD，解析：根据《反家庭暴力法》第 2 条规定："本法所称家庭暴力，是指家庭成员之间以殴打、捆绑、残害、限制人身自由以及经常性谩骂、恐吓等方式实施的身体、精神等侵害行为。"
2. ABC，解析：根据《反家庭暴力法》第 5 条规定："反家庭暴力工作应当尊重受害人真实意愿，保护当事人隐私。未成年人、老年人、残疾人、孕期和哺乳期的妇女、重病患者遭受家庭暴力的，应当给予特殊保护。"
3. ABCD，解析：根据《反家庭暴力法》第 6 条规定："广播、电视、报刊、网络等应当开展家庭美德和反家庭暴力宣传。"
4. BCD，解析：根据《华人民共和国反家庭暴力法》第 27 条规定："作出人身安全保护令，应当具备下列条件：（一）有明确的被申请人；（二）有具体的请求；（三）有遭受家庭暴力或者面临家庭暴力现实危险的情形。"
5. ABCD，解析：根据《反家庭暴力法》第 29 条规定："人身安全保护令可以包括下列措施：（一）禁止被申请人实施家庭暴力；（二）禁止被申请人骚扰、跟踪、接触申请人及其相关近亲属；（三）责令被申请人迁出申请人住所；（四）保护申请人人身安全的其他措施。"
6. ABCD，解析：根据《反家庭暴力法》第 32 条规定："人民法院作出人身安全保护令后，应当送达申请人、被申请人、公安机关以及居民委员会、村民委员会等有关组织。人身安全保护令由人民法院执行，公安机关以及居民委员会、村民委员会等应当协助执行。"

（四）填空题

1. 开展；普及；增强。（《反家庭暴力法》第 6 条）
2. 预防；减少。（《反家庭暴力法》第 10 条）
3. 监护人；监护；教育。（《反家庭暴力法》第 12 条）
4. 临时庇护场所；临时。（《反家庭暴力法》第 18 条）

5. 法治教育；心理辅导。（《反家庭暴力法》第 22 条）
6. 书面方式。（《反家庭暴力法》第 24 条）
7. 人民法院；裁定。（《反家庭暴力法》第 26 条）
8. 人身安全保护令；驳回。（《反家庭暴力法》第 28 条）
9. 撤销；变更；延长。（《反家庭暴力法》第 30 条）
10. 治安管理处罚；刑事责任。（《反家庭暴力法》第 33 条）
11. 刑事责任；训诫；拘留。（《反家庭暴力法》第 34 条）

三十二、刑　法

(一) 判断题

1. 对任何人犯罪，在适用法律上一律平等。不允许任何人有超越法律的特权。(　　)
2. 法律没有明文规定为犯罪行为的，但具有一定社会危害性，也可以比照相关法律定罪处刑。(　　)
3. 对正在进行行凶、杀人、抢劫、强奸、绑架以及其他严重危及人身安全的暴力犯罪，采取防卫行为，造成不法侵害人伤亡的，应当负刑事责任，但是应当减轻或者免除处罚。(　　)
4. 死刑缓期执行应当报请最高人民法院核准。(　　)
5. 扰乱、冲击或者以其他方法破坏依法举行的集会、游行、示威，造成公共秩序混乱的，处5年以下有期徒刑、拘役、管制或者剥夺政治权利。(　　)

(二) 单项选择题

1. 外国人在中华人民共和国领域外对(　　)犯罪，而按本法规定的最低刑为3年以上有期徒刑的，可以适用本法，但是按照(　　)的法律不受处罚的除外。

   A. 中华人民共和国国家或者公民；犯罪地

   B. 中华人民共和国国家；国籍国

   C. 中华人民共和国公民；中华人民共和国

   D. 中华人民共和国公民；犯罪地
2. 凡在中华人民共和国领域外犯罪，依照本法应当负刑事责任的，虽然经过外国审判，仍然可以依照本法追究，但是在外国已经受过刑罚处罚的，可以(　　)处罚。

A. 免除　　B. 减轻

C. 免除或减轻　　D. 抵消

3. 享有外交特权和豁免权的外国人的刑事责任，通过(　　)解决。

A. 所在国法律　　B. 外交途径

C. 犯罪地法律　　D. 派遣国法律

4. (　　)，因而构成犯罪的，是故意犯罪。

A. 应当预见自己的行为可能发生危害社会的结果，因为疏忽大意而没有预见

B. 已经预见自己的行为可能发生危害社会的结果，而轻信能够避免

C. 由于不能抗拒或者不能预见的原因引起的危害社会的结果

D. 明知自己的行为会发生危害社会的结果，并且希望或者放任这种结果发生

5. 已满 75 周岁的人过失犯罪的，(　　)。

A. 可以从轻或者减轻处罚　　B. 应当从轻或者减轻处罚

C. 应当从轻、减轻或者免除处罚　　D. 法律有规定的才负刑事责任

6. 承担民事赔偿责任的犯罪分子，同时被判处罚金，其财产不足以全部支付的，或者被判处没收财产的，应当(　　)。

A. 先没收财产

B. 先承担罚金

C. 先承担对被害人的民事赔偿责任

D. 按比例承担

7. 以下哪一项不属于人民法院对被判处死刑缓期执行的犯人限制减刑的情况？(　　)

A. 被判处死刑缓期执行的累犯

B. 因故意杀人被判处死刑缓期执行的犯罪分子

C. 因贪污罪被判处死刑缓期执行的犯罪分子

D. 因有组织的暴力性犯罪被判处死刑缓期执行的犯罪分子

8. 组织他人出卖人体器官的，处(　　)，(　　)；情节严重的，处五年以上有期徒刑，并处罚金或者没收财产。

A. 3 年以下有期徒刑；并处罚金

B. 3 年以下有期徒刑或者拘役；并处或者单处罚金

C. 5 年以下有期徒刑；并处罚金

D. 5 年以下有期徒刑；并处罚金或者没收财产

9. 犯盗窃、诈骗、抢夺罪，为(　　)而当场使用暴力或者以暴力相威胁的，依照抢劫罪定罪处罚。

A. 窝藏赃物　　B. 抗拒抓捕

C. 包庇他人　　D. 毁灭罪证

(三) 多项选择题

1. 中华人民共和国刑法的任务，是用刑罚同一切犯罪行为作斗争，以保卫国家安全，保卫人民民主专政的政权和社会主义制度，保护(　　)，维护社会秩序、经济秩序，保障社会主义建设事业的顺利进行。

A. 国有财产

B. 劳动群众集体所有的财产

C. 公民私人所有的财产

D. 公民的人身权利、民主权利和其他权利

2. (　　)犯罪，可以从轻、减轻或者免除处罚。

A. 听力障碍者　　B. 语言障碍者

C. 又聋又哑的人　　D. 盲人

3. 违反国家有关规定，向他人出售或者提供公民个人信息，(　　)。

A. 处 3 年以下有期徒刑或者拘役，并处或者单处罚金

B. 情节严重的，处 3 年以下有期徒刑或者拘役，并处或者单处罚金

C. 情节严重的，处 3 年以上 7 年以下有期徒刑，并处罚金

D. 情节特别严重的，处 3 年以上 7 年以下有期徒刑，并处罚金

(四) 填空题

1. 对于中止犯，____的，应当免除处罚。

2. 判处罚金，应当根据____决定罚金数额。

3. 本法所称司法工作人员，是指有____、____、____、____职责的工作人员。

4. 违反文物保护法规，将收藏的____的珍贵文物私自出售或者私自赠送给外国人的，处五年以下有期徒刑或者拘役，可以并处罚金。
5. 旅馆业等单位的人员，在公安机关查处卖淫、嫖娼活动时，为违法犯罪分子____，情节严重的，依照包庇罪的规定定罪处罚。

（五）简答题

1. 简述刑法的溯及力。
2. 简述已满 14 周岁不满 16 周岁的人应负刑事责任的 8 项犯罪。
3. 简述虚假诉讼罪的处罚。

参考答案

（一）判断题

1. √，解析：根据《刑法》第 4 条规定。
2. ×，解析：根据《刑法》第 3 条规定，法律明文规定为犯罪行为的，依照法律定罪处刑；法律没有明文规定为犯罪行为的，不得定罪处刑。
3. ×，解析：根据《刑法》第 20 条规定，为了使国家、公共利益、本人或者他人的人身、财产和其他权利免受正在进行的不法侵害，而采取的制止不法侵害的行为，对不法侵害人造成损害的，属于正当防卫，不负刑事责任。正当防卫明显超过必要限度造成重大损害的，应当负刑事责任，但是应当减轻或者免除处罚。对正在进行行凶、杀人、抢劫、强奸、绑架以及其他严重危及人身安全的暴力犯罪，采取防卫行为，造成不法侵害人伤亡的，不属于防卫过当，不负刑事责任。
4. ×，解析：根据《刑法》第 48 条规定，死刑只适用于罪行极其严重的犯罪分子。对于应当判处死刑的犯罪分子，如果不是必须立即执行的，可以判处死刑同时宣告缓期 2 年执行。死刑除依法由最高人民法院判决的以外，都应当报请最高人民法院核准。死刑缓期执行的，可以由高级人民法院判决或者核准。
5. √，解析：根据《刑法》第 298 条规定。

（二）单项选择题

1. A，解析：根据《刑法》第 8 条规定，外国人在中华人民共和国领域外对中华人民共和国国家或者公民犯罪，而按本法规定的最低刑为 3 年以上有期徒刑的，可以适用本法，但是按照犯罪地的法律不受处罚的除外。

2. C，解析：根据《刑法》第 10 条规定，凡在中华人民共和国领域外犯罪，依照本法应当负刑事责任的，虽然经过外国审判，仍然可以依照本法追究，但是在外国已经受过刑罚处罚的，可以免除或者减轻处罚。

3. B，解析：根据《刑法》第 11 条规定，享有外交特权和豁免权的外国人的刑事责任，通过外交途径解决。

4. D，解析：根据《刑法》第 14 条规定，明知自己的行为会发生危害社会的结果，并且希望或者放任这种结果发生，因而构成犯罪的，是故意犯罪。故意犯罪，应当负刑事责任。

5. B，解析：根据《刑法》第 17 条之一规定，已满 75 周岁的人故意犯罪的，可以从轻或者减轻处罚；过失犯罪的，应当从轻或者减轻处罚。

6. C，解析：根据《刑法》第 36 条规定，由于犯罪行为而使被害人遭受经济损失的，对犯罪分子除依法给予刑事处罚外，并应根据情况判处赔偿经济损失。承担民事赔偿责任的犯罪分子，同时被判处罚金，其财产不足以全部支付的，或者被判处没收财产的，应当先承担对被害人的民事赔偿责任。

7. C，解析：根据《刑法》第 50 条规定，判处死刑缓期执行的，在死刑缓期执行期间，如果没有故意犯罪，2 年期满以后，减为无期徒刑；如果确有重大立功表现，2 年期满以后，减为 25 年有期徒刑；如果故意犯罪，情节恶劣的，报请最高人民法院核准后执行死刑；对于故意犯罪未执行死刑的，死刑缓期执行的期间重新计算，并报最高人民法院备案。对被判处死刑缓期执行的累犯以及因故意杀人、强奸、抢劫、绑架、放火、爆炸、投放危险物质或者有组织的暴力性犯罪被判处死刑缓期执行的犯罪分子，人民法院根据犯罪情节等情况可以同时决定对其限制减刑。

8. C，解析：根据《刑法》第 234 条之一规定，组织他人出卖人体器官的，处五年以下有期徒刑，并处罚金；情节严重的，处 5 年以上有期徒刑，并处罚金或者没收财产。未经本人同意摘取其器官，或者摘取不满 18 周岁的人的器官，或者强迫、欺骗他人捐献器官的，依照本法第 234 条、第 232 条的规定定罪处罚。违背本人生前意愿摘取其尸体器官，或者本人生前未表示同意，违反国家规定，违背其近亲属意愿摘取其尸体器官的，依照本法第 302 条的规定定罪处罚。

9. A，解析：根据《刑法》第 271 条规定，公司、企业或者其他单位的人员，利用职务上的便利，将本单位财物非法占为己有，数额较大的，处5年以下有期徒刑或者拘役；数额巨大的，处5年以上有期徒刑，可以并处没收财产。贪污罪国有公司、企业或者其他国有单位中从事公务的人员和国有公司、企业或者其他国有单位委派到非国有公司、企业以及其他单位从事公务的人员有前款行为的，依照本法第382条、第383条的规定定罪处罚。

（三）多项选择题

1. ABCD，解析：根据《刑法》第2条规定，中华人民共和国刑法的任务，是用刑罚同一切犯罪行为作斗争，以保卫国家安全，保卫人民民主专政的政权和社会主义制度，保护国有财产和劳动群众集体所有的财产，保护公民私人所有的财产，保护公民的人身权利、民主权利和其他权利，维护社会秩序、经济秩序，保障社会主义建设事业的顺利进行。
2. CD，解析：根据《刑法》第19条规定，又聋又哑的人或盲人犯罪的刑事责任又聋又哑的人或者盲人犯罪，可以从轻、减轻或者免除处罚。
3. BD，解析：根据《刑法》第253条之一规定，违反国家有关规定，向他人出售或者提供公民个人信息，情节严重的，处3年以下有期徒刑或者拘役，并处或者单处罚金；情节特别严重的，处3年以上7年以下有期徒刑，并处罚金。违反国家有关规定，将在履行职责或者提供服务过程中获得的公民个人信息，出售或者提供给他人的，依照前款的规定从重处罚。窃取或者以其他方法非法获取公民个人信息的，依照第一款的规定处罚。单位犯前三款罪的，对单位判处罚金，并对其直接负责的主管人员和其他直接责任人员，依照各该款的规定处罚。

（四）填空题

1. 没有造成损害。（《刑法》第24条）
2. 犯罪情节。（《刑法》第52条）
3. 侦查；检察；审判；监管。（《刑法》第94条）
4. 国家禁止出口。（《刑法》第325条）
5. 通风报信。（《刑法》第362条）

（五）简答题

1. 答：根据《刑法》第12条规定，中华人民共和国成立以后本法施行以前的行为，如果当时的法律不认为是犯罪的，适用当时的法律；如果当时的法律认为是犯罪的，依照本法总则第四章第八节的规定应当追诉的，按照当时的法律追究刑事责任，但是如果本法不认为是犯罪或者处刑较轻的，适用本法。

本法施行以前，依照当时的法律已经作出的生效判决，继续有效。

2. 答：根据《刑法》第 17 条规定，已满 16 周岁的人犯罪，应当负刑事责任。已满 14 周岁不满 16 周岁的人，犯故意杀人、故意伤害致人重伤或者死亡、强奸、抢劫、贩卖毒品、放火、爆炸、投放危险物质罪的，应当负刑事责任。已满 12 周岁不满 14 周岁的人，犯故意杀人、故意伤害罪，致人死亡或者以特别残忍手段致人重伤造成严重残疾，情节恶劣，经最高人民检察院核准追诉的，应当负刑事责任。对依照前三款规定追究刑事责任的不满 18 周岁的人，应当从轻或者减轻处罚。因不满 16 周岁不予刑事处罚的，责令其父母或者其他监护人加以管教；在必要的时候，依法进行专门矫治教育。

3. 答：根据《刑法》第 307 条之一规定，以捏造的事实提起民事诉讼，妨害司法秩序或者严重侵害他人合法权益的，处 3 年以下有期徒刑、拘役或者管制，并处或者单处罚金；情节严重的，处 3 年以上 7 年以下有期徒刑，并处罚金。单位犯前款罪的，对单位判处罚金，并对其直接负责的主管人员和其他直接责任人员，依照前款的规定处罚。有第一款行为，非法占有他人财产或者逃避合法债务，又构成其他犯罪的，依照处罚较重的规定定罪从重处罚。司法工作人员利用职权，与他人共同实施前三款行为的，从重处罚；同时构成其他犯罪的，依照处罚较重的规定定罪从重处罚。